ESSAI DE SATIRES SOCIALES

SUR

LE DIX-NEUVIÈME SIÈCLE,

PAR

F.-X. DE CELLÈS,

Chevalier de l'Ordre Royal et Milit. de St.-Louis, ancien Capit. d'État Major.

TOME PREMIER.

A AIX,
CHEZ AUBIN, LIBRAIRE – ÉDITEUR, SUR LE COURS.

A PARIS,
CHEZ DENTU, LIBRAIRE, AU PALAIS ROYAL.

M DCCC XLI.

SATIRES SOCIALES.

Une partie du produit de cette édition sera appliquée, par l'auteur, au soulagement des prisonniers espagnols et des victimes de l'inondation.

A AIX. — De l'Imprimerie de NICOT et AUBIN, 21, rue Pont-Moreau. — 1841.

ESSAI
DE
SATIRES SOCIALES
SUR

LE DIX-NEUVIÈME SIÈCLE,

SUIVI

DE QUELQUES AUTRES PIÈCES DE VERS,

PAR

F.-X. DE CELLÈS,

Chevalier de l'Ordre Royal et Militaire de St. Louis, ancien Capitaine d'État Major.

Nona ætas agitur, pejoraque secula ferri
Temporibus, quorum sceleri non invenit ipsa
Nomen, et a nullo posuit natura metallo.
(JUVÉNAL, *Sat.* XIII.)

Je fouette jusqu'au sang par amour du coupable,
Car le fouet quelquefois peut être charitable.
(L'AUTEUR, *Sat.* VI.)

Tome Premier.

A AIX,

CHEZ AUBIN, LIBRAIRE - ÉDITEUR, SUR LE COURS.

A PARIS,

CHEZ DENTU, LIBRAIRE, AU PALAIS ROYAL.

M DCCC XLI.

POINT DE PRÉFACE

POUR LE PREMIER VOLUME,

ET VOICI POURQUOI:

La préface, par le temps qui court, n'est guère que le prête-nom d'un amas de précautions oratoires, évidemment formulées, par l'auteur, pour mendier l'indulgence de ceux qui veulent bien le lire.

Je n'aime rien de ce qui sent la mendicité, sauf le pauvre.

Si mon ouvrage n'est qu'un tissu de rapsodies; dès longtemps condamné au poivre par le sage et sévère législateur Boileau, il n'évitera point l'équitable verdict; il se verra attacher au poteau de la publicité; il ira subir sa peine au bagne de l'épicier; la perte des frais typographiques tiendra lieu d'amende : au demeurant, pas de grâce à espèrer; ce souverain complexe qu'on nomme le public n'en fait jamais, et il fait bien.

Que si mes vers, au contraire, expriment avec quelque bonheur les sentiments et les pensées dont ils procèdent; sentiments et pensées qui tous convergent au triomphe des principes sociaux et du bon goût littéraire; ce qu'il y a d'honnêtes gens en France leur fera un accueil amical, parce qu'on y reconnaîtra le cachet d'un patriotisme bien entendu, et mieux senti encore.

Après cela, l'écrivain philosophe ne doit pas oublier le *sunt sua fata libellis;* il doit dire aussi, avec le vieux chrétien Castillan, la dextre posée sur une conscience d'honnête homme et de bon citoyen : ¡ *A la mano de Dios!*

Hommage

RESPECTUEUX ET RECONNAISSANT

A L'ANTIQUE ET NOBLE ACADÉMIE DES JEUX-FLORAUX DE L'ILLUSTRE CITÉ DE TOULOUSE,

CONSERVATRICE ET PROTECTRICE DE LA LITTÉRATURE MORALE ET SOCIALE DANS LE MIDI DE LA FRANCE.

Messieurs,

Votre illustre et vénérable compagnie s'est acquis, dans ces derniers temps, un surcroît de gloire impérissable : nous lui devons, dans le Midi, moi peut-être plus que tout autre, d'avoir résisté à l'entraînement prestigieux des exemples littéraires, dont la capitale a infecté la France et l'Europe. Oui, certes ! et je ne crains pas d'émettre cette vérité pour moi consciencieuse : le goût des lettres est plus pur aujourd'hui à Toulouse qu'à Paris.

Tous ces titres, Messieurs, tous ces bienfaits commandent et mon admiration et ma reconnaissance ; oserai-je vous supplier d'agréer l'expression de ces hauts sentiments, et l'hommage de mes faibles productions poétiques.

J'ai l'honneur d'être, avec un profond respect,

essieurs,

VOTRE TRÈS HUMBLE ET TRÈS
OBÉISSANT SERVITEUR,

XAVIER DE CELLÈS.

LIVRE PREMIER.

✺

LIVRE PREMIER.

1829.

SATIRE PREMIÈRE [1].

> Ingenium torquet, torquet cor et omnia membra.
> *Mon père.* — Inédit et perdu !

Quoi ! le crime, élevant une tête orgueilleuse,
Affronte, sans pudeur, la vertu malheureuse ;
Son regard insultant afflige nos regards ;

---

(1) Cette satire et le dithyrambe contre l'athéisme, que le lecteur trouvera au livre second, furent publiés à Paris en 1836. Les honorables rédacteurs de la Quotidienne, dont l'auteur n'a pas l'avantage d'être personnellement connu, voulurent bien en faire mention dans leur numéro du 12 mai de cette année. Nous transcrivons textuellement cet article :

« Le 19me siècle, par M. le chevalier de Cellès, est une excellente satire des

Il ose se vanter du venin de ses dards ;

Il vibre, en écumant, sa langue corrosive,

Et ma plume en mes mains demeurerait oisive !

Et je pourrais garder un silence honteux !

O Gilbert, ô Chénier [1], poètes généreux !

A votre noble appel déjà cède mon âme ;

Le feu qui vous brûla me tourmente, m'enflamme :

« Si de vous égaler je n'emporte le prix,

« mœurs de l'époque. Cette satire, digne de Boileau, dévoile à la France un
« talent de plus.

« Si nos poètes écrivaient comme l'auteur du 19me siècle, on ne dirait pas que
« la poésie se meurt, que le public s'en dégoûte. Il suffit de lire le dithyrambe
« plein de feu contre l'athéisme pour désirer les vers de M. de Cellès et s'écrier
« avec M. de Chateaubriand : il est poète. »

L'opinion de MM. les rédacteurs de la Quotidienne, et le suffrage du vicomte de Chateaubriand, d'autant plus flatteur que, peu d'instants avant de l'improviser, l'immortel écrivain ignorait et l'existence et le nom même du poète, qui n'était pas présent, sont devenus une propriété trop précieuse aux yeux de celui-ci pour que, par une modestie mal entendue, il consente à les passer sous silence. C'est par ce même motif qu'il ornera son livre du nom de son digne ami l'illustre Reboul de Nîmes qui, après avoir entendu la lecture de deux satires, s'étonna de ce qu'elles étaient condamnées à la sépulture du porte-feuille et engagea vivement l'auteur à les produire. Celui-ci voudrait bien aussi pouvoir écrire en toutes lettres le nom d'un autre ami, M. D** M****, membre de l'Académie de Marseille et mainteneur des Jeux-Floraux, qui détermina sa première publication à Paris ; mais cet homme extraordinaire veut avoir encore plus de modestie que de talent : il défend qu'on le nomme.

(1) André Chénier, auteur des iambes.

« J'aurai du moins l'honneur de l'avoir entrepris. »
Oui, je veux, comme vous, qu'une muse implacable,
Partout cherche le crime, et l'atteigne et l'accable;
Arrache de son front le masque frauduleux,
Et le montre aux humains tel qu'il fut à vos yeux.
Mais, dira-t-on, Boileau, votre premier modèle,
Savait mieux tempérer l'acreté de son zèle;
Évitant avec soin la fougue et le transport,
Si parfois il mordait, ce n'était pas si fort,
Et s'il égratignait, sa griffe cauteleuse
Ne faisait qu'effleurer : la vôtre, furieuse,
Profondément déchire et découvre les os. —
— D'accord; mais il n'avait à dauber que des sots.
A peine quelquefois ses rimes salutaires
Fustigeaient en passant, des vices ordinaires,
Et parmi les vauriens que Boileau signalait,
Il faut saisir au bond le malheureux Rolet
Pour trouver d'un voleur la commune figure;
Mais dans ce siècle, hélas! où l'humaine nature
Semble avoir emprunté des monstres à l'enfer,

Boileau se fût armé de la verge de fer,

Il aurait fait agir le scalpel satirique,

Ou traité, par le feu, la gangrène publique.

Eût-il pu réprimer ses caustiques ardeurs

A l'aspect dégoûtant de nos ignobles mœurs ?

Eût-il pu, sans crier, voir l'assemblage étrange

Qu'offre dans nos salons, un cynique mélange ?

Et jamais, de son temps, vit-il les Lamoignon

Vivre, avec les Rolet, de pair à compagnon ?

Ah qu'il verrait bien pis ! le Rolet que je nomme,

Près de ceux que je tais serait un galant homme ;

Et toutefois ceux-ci, d'orgueil tout radieux,

Aux bras des gens de bien s'accrochent en tous lieux ;

Et punissant ainsi leur lâche complaisance,

Les tachent du reflet d'une basse arrogance.

Oui, le crime, exhalant une noire vapeur,

De tout ce qu'il approche altère la couleur. —

— Arrêtez, vos propos sont de vains paradoxes :

Eh quoi ! l'homme de bien, l'homme aux mœurs ortho-
   doxes,

Celui qui de l'honneur jamais n'a dévié,

Qui, par le crime, au crime en vain fut convié,

Qui, dans les temps d'épreuve, honnête israélite,

De la Mer-Rouge, à sec, atteignit la limite,

Et de ses flots sanglants brava l'impureté,

Des Pharaons d'alors aujourd'hui fréquenté,

Subirait, sans rougir, leur présence odieuse?

Certes! je n'en crois rien; votre muse ombrageuse

Sur ce point délicat se fait illusion,

Ou, dans ses vers quinteux, rime par passion. —

— Eh bien! suivez-moi donc à la place publique :

Voyez-y s'étaler ce couple magnifique,

Marchant, jarret tendu, haussant le ton de voix,

Jurant par la fortune et comptant sur ses doigts

Les milliers de louis qui gisent au grand coffre;

Certes, la vérité tous les deux vous les offre

Pour démontrer ici ma triste assertion :

L'un est homme de bien, l'autre, pis que fripon;

C'est un vrai parvenu de la plus basse espèce

Qui n'a, pour tout talent, qu'un peu de cette adresse

Dont Comus, à Paris, jadis donna leçon;

Qui, sur le tapis vert, de plus d'une façon,

Au moyen de son art, nous dit la voix commune,

Sait appeler, fixer, ou vaincre la fortune.

Le premier, dans nos temps de trouble et de malheur,

Souffrit pour la justice et conserva l'honneur.

Le second, exhalant une rage précoce,

Jeune alors, débuta par un forfait atroce :

Un vieillard respectable, un guerrier respecté

Fut le premier en butte à sa férocité ;

Sans cause, sans motif, dans sa fureur brutale,

Il l'osa menacer d'une dent cannibale.

Dès lors, de crime en crime, et d'horreur en horreur,

Il sonde, en croassant, l'égout de la terreur,

Rattache ou rompt le fil de ses basses intrigues,

Des sicaires obscurs presse ou retient les brigues,

Et, par un dernier coup de sa dextérité,

S'enrichissant par eux, les laisse en pauvreté.

Mais, pourquoi prenez-vous, lecteur, cet air austère ?
Vous froncez le sourcil !... Ce hideux caractère
Vous paraît-il chargé ? croyez-vous que mes traits
Ombrent de trop de noir le teint de mes portraits ?
Rassurez-vous : je suis aussi loin du modèle
Que mon faible talent peut l'être de mon zèle.
Ai-je dit un seul mot de ses concussions,
Du sang qu'il trafiqua dans les conscriptions ?
Trafic qu'il décorait du beau nom de *services!*
J'ai tu, par charité, la moitié de ses vices.
Je n'ai point découvert ce front où l'impudeur
Tâche en vain d'effacer le sceau du déshonneur.
Eh ! que serait-ce donc si, d'une main hardie,
Je traçais en détail l'histoire de sa vie !
Mais je me tais, lecteur, et conclus seulement
L'affreuse vérité de mon noir argument.
Vous venez de le voir : un lâche, un misérable
Vit dans l'intimité d'un homme respectable;
Ou qui le fut du moins. — Quoi ! dans l'intimité ? —
Très fort, et celui-ci de l'autre est entêté;

Il le chérit, l'estime; il le loue, il l'oblige;

Heureux de son bonheur, de ses maux il s'afflige;

Un tiers, au milieu d'eux, fut toujours importun

Et ces rares amis, en un mot, ne font qu'un. —

— En ce cas, le premier, de faiblesse en faiblesse,

Aurait donc oublié l'honneur et la noblesse

Dont il brillait aux jours où le crime fut roi,

Pour subir aujourd'hui son odieuse loi? —

— Lecteur, laissons ce point; que la métaphysique

Sonde le phénomène, et, s'il se peut, l'explique.

Quant à moi, je poursuis mon utile dessein.

Plus d'un voleur encor et plus d'un assassin

Doivent ici frémir devant leur propre image.

L'hypocrite y verra tomber son faux visage,

Et tous ses vains dehors s'écroulant à nos yeux,

Restera du brigand le squelette hideux.

O bonheur! le voici lui-même qui s'avance.

L'odeur de sainteté décèle sa présence;

Suivons-le. Vers l'église il marche à pas pressés,

Priant, entre ses dents, pour certains trépassés.

Il entre; et de ses doigts, jadis patriotiques,

Dont l'adresse épluchait images et reliques,

Sans laisser perdre un grain de l'or que nos aïeux

Consacraient aux autels en superstieux,

Il puise largement dans la coupe sacrée.

L'eau coule de son front, et sa dextre assurée,

Allant et revenant jusques à quatre fois,

Trace, avec plein succès, le signe de la croix.

Soudain, rempli d'ardeur, voulant donner l'exemple,

Il cherche le grand jour, il traverse le temple,

Il écarte la foule, et, d'un pas solennel,

Va tomber à genoux au pied du maître-autel.

C'est là qu'il faut le voir dans sa ferveur divine,

Le feu de charité le brûle, l'illumine;

Son front, toujours si pâle, est presque radieux,

Et des larmes d'amour s'échappant de ses yeux,

Il laisse s'exhaler de sa bouche béante

Les saints gémissements d'une ame repentante;
Il succombe : aussitôt, contrit et recuilli,
Dans une douce extase il reste enseveli.

 Tel on le vit jadis, au temple décadaire,
Édifiant le club par son zèle exemplaire,
Lorgner, d'un œil confit en sainte volupté,
La déesse charnelle et son trône éhonté.
Ou tel on vit encor le héros de Moliére,
Après avoir jeté son importune haire,
Vouloir, par charité, par séraphique ardeur,
D'abord ne faire qu'un avec son bienfaiteur,
Et se livrant en proie au plus brûlant délire,
S'offrir en holocauste à la suave Elmire.

Mais qui vois-je à deux pas du nouveau bienheureux?
Quelle est cette matrone, au regard onctueux,
Poussant dans le lieu saint, de sa lèvre tremblante,
De vils soupirs éclos d'une ame encor brûlante?
Eh quoi! se pourrait-il? ne me trompé-je pas?..
Non; c'est bien la déesse avec ses vieux appas,

Ses vieux sens, son vieux cœur qui s'efforcent encore
De faire triompher le feu qui la dévore.
Elle vient disputer au dieu jaloux et fort
L'amant que lui ravit la honte ou le remord.
Rien ne peut attiédir sa fougue surannée ;
Pas même la douleur de sa fille puinée
Qui, rouge, lui traduit, sur son pudique front,
Les mépris du public et le fiel de l'affront. —
Mais au moins ce public, qui du doigt la signale,
Doit-il la repousser. — Chez une maréchale
Vous la verrez demain, exhibant ses attraits,
Des feux du diamant faire vibrer les traits.
Elle y tiendra son rang de baronne d'empire,
Honorera chacun d'un geste ou d'un sourire,
Et ce petit public, qui n'est pas le premier,
Comparera sa taille à celle du palmier,
Exaltera sa grâce et cette mâle aisance
Que le premier public a traité d'impudence :
Car aujourd'hui, lecteur (le fait est reconnu),
Pour voir le déshonneur, et pour le voir à nu,

Il faut toujours monter l'échelle sociale;

C'est aux plus bas degrés que la vertu s'étale :

Là vous pourriez encor trouver tel campagnard

Qui vous la montrerait ingénue et sans fard. —

— Entendez-vous ces sons de musique enivrante,

Et des valseurs ravis la marche délirante? —

Je l'avais oublié; l'on célèbre en ce jour

De la fête du roi le merveilleux retour [1].

Le bal vient de s'ouvrir chez un fonctionnaire

De vingt gouvernements serviteur tutélaire,

Et qui, toujours fidèle à l'infidélité,

Garde, en changeant toujours, son immobilité.

La fête, assure-t-on, doit être somptueuse,

Et la société fashionable et nombreuse.

Vous m'y suivrez : le cœur me dit qu'en ces salons

On a, pour s'amuser, mieux que des violons. —

— A vous, monsieur, — à vous; laissons là l'étiquette :

---

[1] Il ne faut pas perdre de vue que ceci a été écrit en 1829.

Entrez, et le premier dégustez cette fête,
Friand panorama pour l'œil observateur,
Macédoine effroyable et de honte et d'honneur,
Vrai symbole d'un siècle où la vertu soumise,
Auprès du vice altier heureuse d'être admise,
Le traite en protecteur, s'en dit le partisan,
Et de ses vils trésors lâchement courtisan,
De vertu qu'elle fût, devient plate bassesse,
Et salit le blason de sa vieille noblesse.
Voyez plutôt, voyez, l'encensoir à la main,
Cet humble déserteur du faubourg Saint-Germain
Enivrer, d'un parfum moins doux que sa parole,
Le mannequin doré dont il fait son idole.
Toutefois, savez-vous quel est ce mannequin
Au bon ton de Paillasse, aux grands airs d'Arlequin ?
Eh bien ! c'est un magnat qui transpire la gloire,
Dont je veux, en deux mots, vous ébaucher l'histoire :
Issu d'un hôpital, je ne sais trop lequel,
Il fut d'abord clubiste et conventionnel,
Servit avec ardeur les hauts bourreaux d'Orange,

Pressa le maximun comme on presse une orange,
Gardant le jus pour lui, jetant l'écorce aux chiens
Dont le collier portait le nom de... *citoyens!!!*
Plus tard, entrepreneur, fournisseur encyclique,
Il fait marcher pieds nus la phalange héroïque
Que chausse un Annibal aux frais de l'ennemi.
Bonaparte empereur, il se dit son ami,
Le prouve en devenant rigide absolutiste,
Et des grands de l'empire il commence la liste.
Soudain la foudre éclate, et le monde embrasé
Contemple l'empereur sous son trône écrasé.
Aussitôt le magnat, se dressant comme un braque,
Évente, à pleins naseaux, le fumet du cosaque,
Maudit la république et puis Napoléon ;
Puis se traîne à genoux jusqu'aux pieds d'un Bourbon,
S'écrie, en larmoyant : « Sire, toujours fidèle,
« Je couvais dans mon cœur votre race éternelle ;
« La légitimité doit s'appuyer sur moi,
« Je l'aimai, l'aimerai ; je l'adore, ô mon Roi ! »
A ces mots impudents du doucereux bélitre,

Le débonnaire roi lui confirme son titre,
Ses emplois, sa fortune, acquise par le sang....
De ceux dont il ravit et les biens et le rang.

Eh bien! le croirez-vous? l'esclave qui l'encense
Lui doit la mort d'un père et le deuil de l'enfance :
Mais aujourd'hui le monstre, au faîte des honneurs,
Prodigue à qui l'encense, et l'or et les faveurs... —

— Laissons ces histrions dans leur bourbe fétide,
Et portons nos regards sur cette jeune Armide
Dont l'œil altier, lançant des foudres destructeurs,
Semble dire : « A mes pieds la cendre de vos cœurs! » —

De cet œil effréné l'arrogante prunelle
Sur un nouveau Renaud, figurant devant elle,
S'acharne ; et le jeune homme, au sol fixant les yeux,
Rougit tout en rêvant à ses nobles aïeux.
Il sait quel est l'objet dont la beauté corsaire
S'occupe de ravir encore plus que de plaire :
Il sait qu'elle est le fruit d'un sacrilège amour ;
Que les anges du ciel, quand elle vit le jour,

Voilant leurs fronts sacrés de leurs pudiques ailes,

Apprirent à gémir aux voûtes éternelles.

Oh! qu'il est beau de voir le fils de tant de preux,

La fille d'une none et d'un religieux,

Rappelant à la fois le casque et la sandale,

Égayer l'étranger de ce triste scandale!

Mais, où jeter les yeux sur ce tableau mouvant,

Qu'à travers les éclairs d'un faste décevant

Partout on ne découvre, unis en contredanse,

Et la honte et l'honneur de notre antique France.

Ici c'est un traitant, voleur légalisé,

De l'étoile du brave enfin récompensé;

Là c'est un officier dont les nobles services

Ne le seront jamais que par ses cicatrices :

Quelques mois lui manquaient, de par le règlement,

Alors qu'une réforme, effet d'un tremblement,

L'enfouit pour toujours aux limbes militaires,

Hélas! placés si loin du ciel des mercenaires!

Distinguez-vous là-bas, sur un siège exhaussé,
Cette vieille au bandeau de perles rehaussé?
Approchez ; admirez l'opulente parure,
Moins chef-d'œuvre de l'art qu'effort de la nature.
Des mers de l'Orient le gouffre créateur
Produisit-il jamais pour l'œil admirateur,
Rien qui puisse égaler la perle colossale
Qui satirise un front moins tanné qu'il n'est sale ?
O cynisme effrayant du plus stupide orgueil
Venant ici braver et la mémoire et l'œil !
Ces trésors de la mer, cette perle azurée
A Lorette paraient l'image vénérée.
Nul n'ignore en ces lieux, qu'à l'abri du vainqueur,
Un soi disant mari, juré spoliateur,
Sut en fruster l'écrin des hoirs de Robespierre
Pour déguiser plus tard l'antique vivandière
Qui, dès leurs jeunes ans, enivrant ses loisirs,
Sut se faire épouser à force de plaisirs. —
— Sortons : c'en est assez ; je vous demande grâce.
Ce dégoûtant spectacle et m'attriste et me lasse. —

—Un moment, s'il vous plaît; vous n'êtes point au bout,

Et nous sommes encor bien loin d'avoir vu tout.

Je pourrais vous montrer l'épouse divorcée,

hors du toit conjugal honteusement chassée,

Attendu qu'un mari, méchamment vertueux,

Découvrit le secret d'un monstre incestueux,

D'un... — Taisez-vous; pour Dieu! n'achevez pas. Mon âme

Succombe au soupçon seul de l'infernale flamme.

Sommes-nous chez Satan ? — Ma foi je n'en sais rien :

Vous êtes chez un duc, ci-devant citoyen ;

Quand je dis citoyen, j'entends un sans-culotte

Qui même, assure-t-on, avait porté la hotte.

Si pour vous délasser vous vouliez voir les jeux ?

Là brillent entassés cordons rouges et bleus ;

Crachats de toute bouche et de tous les régimes.

Les uns sont tout chargés de dépouilles opimes ;

Les autres, affamés, postulent un couvert,

Ou viennent demander l'aumône au tapis vert.

SATIRE PREMIÈRE.

Auprès d'un commerçant justement honorable
Triche un banqueroutier frauduleux et pendable.
Ici tout est mêlé : vices, crimes, vertus
S'unissent à l'envi pour adorer Plutus.
Plutus! dieu niveleur qu'encensait le civisme;
Dieu pire que Moloch, effroi du judaïsme!

Mais je sens, à mon tour, ma patience à bout
Et, comme vous aussi, je succombe au dégoût.
Si l'on peut débuter par ricaner et rire,
De force il faut ici finir par tout maudire
En disséquant ce *raout* grotesquement anglais,
Type superlatif du beau monde français,
Tel que nous l'ont légué quarante ans de folie;
Où le vin le plus pur est gâté par la lie,
Où se serrent la main et l'opprobre et l'honneur,
Où l'on est suborné si l'on n'est suborneur,
Où Messaline, au bal, s'enchaîne avec Lucrèce,
Où, près du crime heureux, l'humble vertu s'empresse,

Où l'on voit, en un mot, égaux et confondus,
Et les hommes de bien et les hommes perdus.

Satire II.

1831.

SATIRE DEUXIÈME.

La Croix,

POÈME.

> Quare non timuisti mittere manum
> tuam ut occideret christum domini?
> (Liv. 2 des lois, ch. 1.)
>
> Nolumus hunc regnare super nos.
> (Psaume 2.)

ARGUMENT.

Un ramas de malfaiteurs, qui ne sont pas plus le peuple de Paris que les septembriseurs cannibales de 93 ne l'étaient à cette époque, vient d'envahir le faîte de la maison de Dieu. — Ils veulent abattre une croix monumentale, et font entendre les plus impies vociférations. — Un chef les dirige. — Les anges du Très-Haut prennent l'alarme; ils accourent. — Intervention de Jéhovah. — Annonce du choléra. — Cependant la croix cède et ouvre la voûte en tombant. — Le chef harangue les travailleurs, les complimente et les remercie. — La rage iconoclaste se propage. — Les fidèles sont persécutés sur plusieurs points de la France. — Nîmes compte des victimes; ce sont des femmes parmi lesquelles se trouve une jeune fille de quatorze ans. — Dans une église de la capitale le tabernacle est forcé, les hosties consacrées sont répandues sur le pavé. — Piété sublime et courageuse d'un saint prêtre, accouru au bruit de cette profanation sacrilége. — Une grande ville fait respecter son culte : Marseille se montre à la fois libre, calme, forte et catholique. — L'image de Jésus-Christ est au moins matériellement respectée par des hommes égarés. — Élan vers Dieu pour invoquer sa clémence et demander le pardon des coupables.

QUELS sont ces cris de mort tombant du haut des airs ?

A-t-on du ciel vaincu rapproché les enfers ?

Et ces sâles démons, qu'un vil satan gouverne,
Pourquoi sont-ils montés des gouffres de l'Averne
Sur le faîte tremblant d'une église de Dieu ?
Pourquoi vois-je en leurs mains et le pic et l'épieu
Et le croc destructeur et la hâche acérée ?...

Ah! grâce pour la croix, la croix tant révérée
Que jadis éleva la foi de nos aïeux,
Comme un phare sauveur, sur la route des cieux !
Grâce, démons humains ! grâce, enfants de Voltaire !
Oui, grâce pour la croix qui déchargea la terre
Des chaînes de l'esclave et du joug de l'erreur !

Mais, ô folie impure ! ô comble de l'horreur !
Rien ne peut amortir leur rage furibonde ;
Le cri de haine à Dieu sort de leur bouche immonde.
Des démons d'ici bas l'accent âcre et vibrant
Entonne de l'enfer l'hymne désespérant :

« Non, non, non, non ;
« Que la croix périsse !
« Non, non, non, non ;

SATIRE DEUXIÈME.

« Que le ciel gémisse!

« Non, non, non, non;
« Un bras de fer vaut le canon.

« La croix donne la liberté;
« Nous voulons la licence.
« La croix donne l'égalité;
« Nous voulons la puissance.
« La croix prêche l'humilité;
« Nous voulons l'arrogance.
« La croix montre la vérité;
« Nous voulons la démence.
« La croix bénit la pauvreté;
« Un seul Dieu!... l'opulence.

« Non, non, non, non;
« *Écrasons l'infâme!*
« Non, non, non, non;
« Nous n'avons point d'âme.
« Non, non, non, non;
« A quoi le ciel serait-il bon?

SATIRE DEUXIÈME.

« Que la croix périse!

« Que le ciel gémisse!

« Non. »

On voit, autour des murs condamnés par la guerre,

Les sombres bombardiers; émules du tonnerre,

Préparer froidement ce foudre artificiel

Qui va crever la nue et tombe aussi du ciel :

Impassibles et fiers, leur oreille attentive

Attend, pour embraser la poudre destructive,

Et jeter, à la ville, un formidable enjeu,

Que l'ordre militaire ait dit : « haut le bras, feu! »

Tels ces noirs travailleurs, civilisés vandales,

Pour unir en faisceau leurs forces infernales,

Attendent que le chef, d'une voix de Stentor,

Leur crie : « à bas la croix; mille bras, un effort ! »

Mais le cri sacrilége est vomi par sa bouche;

Et soudain mille bras de la tourbe farouche,

Sur l'arbre du salut se ruant à la fois,

Sapent de mille coups la base de la croix.

Le marteau retentit, la lime crie et gronde ;
Et l'écho de l'enfer, sous sa voûte profonde,
Répète, en ricanant, ces bruits tombés d'en haut.
Les démons réjouis hurlent : « mort au très-haut ! »
Sous l'effort continu de la bande vandale
On voit enfin frémir la croix monumentale [1].

A ce signe flatteur d'un triomphe certain,
Encourageant ses serfs de son regard hautain,
Le maître glorieux les excite et les pousse.
Ils veulent en finir d'une seule secousse,
Le croc est cramponné ; tous les bras sont tendus,
Et les leviers de fer par la rage tordus.

A ce dernier élan la croix vacille, tombe,
Dans la voûte du temple ouvre sa digne tombe [2],
Et fuit ses ennemis pour retourner à Dieu.
Les anges effrayés accourent au saint lieu.
La trompette de mort sur leur lèvre est placée,

---

[1] Cette croix confectionnée en fer et bronze, avait dix-huit pieds de haut.
[2] Voir l'Ami de la religion du 17 mars 1831.

Et des fléaux vengeurs la France menacée.

Michel a secoué son glaive flamboyant,

Et jette sur Paris un regard foudroyant;

Quand une voix du ciel, une voix calme et forte,

Vient modérer l'ardeur de la sainte cohorte :

« Écoutez, leur dit-elle, un arrêt solennel,

« Dieu seul est patient comme il est éternel.

« A moi seul de punir quand la vengeance est juste.

« Je saurai de mon fils sauver la croix auguste.

« Les fléaux sont debout et marchent à grands pas;

« Mais les temps sont marqués à la vie, au trépas.

« De toute éternité j'avais prévu l'injure;

« De toute éternité j'avais dit : je le jure!

« J'enverrai, sur ce peuple, un fléau destructeur.

« Il avance, suivi, précédé de l'horreur.

« Encore quelques jours, à sa terrible approche,

« Dix mille tomberont à sa droite, à sa gauche.

« Encore quelques jours, les temps seront remplis

« Et mes ordres vengeurs par la mort accomplis.

« Retournez dans les cieux, enfants de ma lumière. »

Ainsi, dit le Seigneur, et la nature entière
Tressaille, obéissante, aux accents de sa voix.

Cependant, enivrés, les vainqueurs de la croix
Épuisent de l'erreur la coupe empoisonnée.
Aux plus noirs sentiments leur âme abandonée
S'applaudit d'un succès qu'enivra lucifer
Et savoure l'orgueil, ce nectar de l'enfer.
Les cris blasphémateurs de la horde barbare
Servent, à leur haut fait, d'infernale fanfare.
Des vrais fils de satan rivaux impétueux
Ils gourmandaient la terre et provoquaient les cieux,
Quand un cri souverain, qui dans les airs s'élance,
Dominant les clameurs, commande le silence :
« Alcides généreux, philosophes actifs,
« Vainqueurs des préjugés, esprits forts, positifs,
« Recevez, par mes mains, une juste couronne :
« Voltaire la tressa, la raison vous la donne.
« Vous venez d'illustrer le nom de citoyen
« En foulant, à vos pieds, les hochets du chrétien;

« Et vous avez montré comment, avec adresse,

« On peut toujours unir la force et la sagesse.

« Par vous, *l'ordre public* saintement respecté,

« Muet, contemplatif, au pied des murs resté,

« Plein d'admiration pour l'être qui travaille,

« N'a pas dû morceler sa ligne de bataille.

« Recevez, mes amis, de part la nation,

« Le prix qu'ont remporté la modération,

« Les civiques vertus dont vous avez fait preuve.

« Oui, vous sortez vainqueurs d'une imposante épreuve :

« Vous avez fait le bien sans mélange de mal.

« Vous avez honoré le premier animal.

« Le plus noble bipède est resté sans reproche ;

« Et l'on ne dira pas qu'il ait mis dans sa poche

« Le précieux objet de son sage courroux.

« L'avare marguillier retient tous ses bijoux :

« Et si l'on ébruitait qu'en sa sainte furie

« Un zèle trop ardent causa quelque avarie :

« Arrière, dirions-nous, pour un si mince objet,

« Le peuple n'a-t-il pas le généreux budget ?

SATIRE DEUXIÈME.

« Dans sa guerre au bon Dieu, le peuple n'est pas chiche,
« Et s'il a fait des frais la nation est riche.
« Ainsi donc, jouissez de vos brillants lauriers
« Et laissez faire ensuite aux publics trésoriers.
« Je rentre à mon hôtel; regagnez votre échoppe. »

En ces mots pérora le satan philanthrope
Qui, las de sa victoire, accourut de ce pas
Se faire les honneurs d'un splendide repas;
Tandis que, d'autre part, les héros subalternes
Chantaient le *Te Démon* dans de sales tavernes,

Prends date, malheureux, prends date de ce jour
Où ta haine brisa le symbole d'amour,
Le signe rédempteur de la faute première.
Et quand la main de Dieu te privant de lumière
Tu voudrais le revoir, ah! cette croix de fer,
Ce signe de salut te servira d'enfer,
Pèsera sur ton cœur, suffoquera ta bouche,
Ouvrira les horreurs à ton âme farouche,

Et te fera subir, avant l'éternité,

La honte et les tourments dûs à l'impiété.

Près de voir s'entrouvrir la gueule sépucrale,

Alors tu te diras, dans les affres du râle :

Hélas!... c'était, je crois,... en... mil huit cent... trente-

un...

Le.... La mort finira ce calcul importun.

Mais, aujourd'hui, jouis du succès de ta rage :

La haine de la croix en tous lieux se propage;

Et des pays chrétiens, des peuples pleins de foi

Subissent, en pleurant, des tribuns tels que toi.

Il n'est point de cité qui n'ait son jour néfaste,

Et quelque homme public ardent iconoclaste.

Partout il te surgit des rivaux empressés,

Des ennemis du Christ, de le vaincre pressés.

Élève ici ta voix, région catholique

Où dominait jadis l'esprit apostolique;

Et toi, cité pieuse, orthodoxe cité,

Dis-nous ce qu'à tes yeux, un satrape éhonté

Osa contre la croix que tout ton peuple adore.

Ce bouclier divin te protégeait encore;

Mais on croyait alors provoquer les honneurs,

Et s'élever au rang de nos plus hauts seigneurs

En le faisant servir de marche-pied, d'échelle.

Oui, tel était le but d'un satanique zèle;

Tel était en ces jours d'abomination,

L'objet d'une honteuse et lâche ambition :

Aussi plein de dépit contre le bras timide

Dont la lenteur vexait le nouveau déicide

Qui l'excitait en vain du geste et de la voix,

Lui-même il prit la hâche et frappa sur la croix.

O spectacle hideux de démence profonde !

Imprudent ! que veux-tu ? bouleverser le monde ?

Oter tous ses appuis à l'ordre social ?

Anéantir le bien ? diviniser le mal ?

Évoquer de l'enfer cette puissance atroce

Qui, brisant à la fois et le sceptre et la crosse,

Livre l'homme tout brut à l'empire des sens

Et brûle, en leur honneur, un impudique encens ?

Invente des Fiesqui ? construit des Lacenaire ?
Fait du meurtre et du vol la morale ordinaire
Et, lasse du repos des malheurex humains,
Aime à les torturer dans ses fatales mains ?
Porte la tienne au cœur, et dis si la patrie
Doit te savoir bon gré d'une aveugle furie
Qui ne marche à rien moins qu'à sa destruction :
Point de Dieu ?... point de lois et point de nation.

   Or le Dieu que je nomme est le père des êtres;
C'est le Dieu trois fois saint qu'adoraient nos ancêtres;
Le Dieu qui couronna l'invincible Clovis,
Et pour qui combattit le plus saint des Louis;
Ce Dieu qui nous aima d'une ardeur si profonde
Qu'il dévoua son fils pour le salut du monde;
Ce Dieu crucifié, l'horreur de l'esprit fort
Qui ne connait de Dieu que l'argent et le sort;
Ce Dieu qui montre au juste une palme immortelle
Et prépare au méchant une honte éternelle :
C'est le Dieu de ton Dieu, de la *majorité*,
Souveraine *en sa foi* comme *en sa liberté*.

Oh! qu'elle éclate ici l'abjecte hypocrisie
De ces enfants perdus de la philosophie
Qui font l'homme, abaissé jusqu'au brut animal,
Esclave pour le bien et libre pour le mal!

Où sont ces cris perçants de douleur et de rage,
Et ces bruits de combats et ces voix du courage,
Et ces glas de la mort et ces soupirs profonds
Qu'exhalent des chrétiens martyrs et moribonds,
Et ces vapeurs de sang dont l'horizon se couvre,
Et ce ciel diapré qui sourit et s'entr'ouvre?
Oh, haine de l'enfer! oh, triomphe des cieux!...
Des femmes, des enfants dont le sang précieux
Sous le fer et le plomb coule en pieuse offrande!... [1]
Pourquoi meurt cette enfant? quel Moloch le demande?
Le tigre de l'arène est-il ressuscité?
Et quel nouvel édit frappe la chrétienté?
Se sont-ils réveillés, sous tes dalles payennes,

---

[1] Voir l'Ami de la religion du 22 mars 1831 ; la Gazette du midi, etc.

Ces bourreaux affamés de victimes chrétiennes,
O Nîmes!... Mais j'entends ta douloureuse voix :
« Ils sont morts, me dis-tu, par amour pour la croix.
« Mon cirque n'est pour rien dans l'horrible hécatombe,
« Et ce sont des chrétiens qui leur ouvrent la tombe;
« Des hommes baptisés au nom de Jésus-Christ,
« Ennemis de la croix par laquelle il vainquit
« Les démons et la mort et le double esclavage;
« Oui, ce sont des chrétiens qui m'ont fait ce carnage.
« Ils se disent, du moins, disciples du Sauveur,
« Et toutefois sa croix les trouble, leur fait peur.
« Partout ils l'ont proscrite, et leur haine cruelle
« Veut priver de sa vue un peuple tout fidèle.
« A l'aspect désolant de ce sombre courroux,
« Tremblant de voir la croix succomber sous leurs
    « coups,
« Des femmes, des enfants, surmontant les alarmes,
« La couvraient de leur corps et l'opposaient aux armes.
« Les leurs étaient des pleurs et des gémissements,
« Des cantiques pieux de saints tressaillements.

« Quel barbare eût frappé d'innocentes victimes,

« Eût osé consommer le plus honteux des crimes,

« Briser la tendre vierge et tuer la vertu ?

« Quel cœur par la pitié tout au moins combattu,

« N'eût arrêté des mains de sang pur altérées,

« De frénétiques mains au meurtre préparées ?

« Non, rien n'amollira ces durs persécuteurs,

« Des Dèce et des Néron fiers continuateurs.

« Vois, vois ces fers français dans le cœur de mes filles,

« De françaises aussi l'honneur de leurs familles.

« Vois, vois ce sang de vierge, et si chaste et si beau,

« Creuser le sol pieux pour s'y faire un tombeau.

« Vois ce ciel pavoisé qui s'ouvre à mes colombes,

« Et ces couronnes d'or descendant sur leurs tombes.

« Entends l'hymne d'honneur par les anges chanté.

« Respire ce parfum de sainte volupté :

« C'est l'encens éternel qui brûle au pied du trône

« Où règne un Jéhovah dans sa triple personne.

« Jéhovah, Dieu vengeur et rémunérateur !

« Mais, écoutons ces voix, ce chant consolateur :

« Le chœur des vierges vous appelle ;
« Montez aux célestes hauteurs.
« Ceignez la couronne immortelle
« Due à vos fronts triomphateurs.

« Gloire à vous martyres chrétiennes !
« Gloire à vous saintes citoyennes
« De l'impérissable Sion !
« Quittez cette terre perfide,
« Séjour de la rage homicide
« Et de l'abomination.

« Le chœur des vierges vous appelle,
« Montez aux célestes hauteurs.
« Ceignez la couronne immortelle
« Due à vos fronts triomphateurs.

« Hâtez-vous, heureuses victimes ;
« Volez de ces ailes sublimes
« Que vous prête le séraphin.

« De l'amour divin consumées,
« Comme lui vos voix enflammées
« Doivent chanter l'hymne sans fin.

« Le chœur des vierges vous appelle,
« Montez aux célestes hauteurs.
« Ceignez la couronne immortelle
« Due à vos fronts triomphateurs.

« Jésus bénit votre victoire.
« Les mondes redisent la gloire
« De l'enfant élu du Seigneur ;
« Et la croix, la croix triomphante
« Brille aux yeux de l'humble servante
« Morte épouse de son Sauveur.

« Le chœur des vierges vous appelle,
« Montez aux célestes hauteurs.
« Ceignez la couronne immortelle
« Due à vos fronts triomphateurs. »

Mais l'ennemi du Christ, toujours impitoyable,
Ne saurait assouvir sa haine insatiable.

Il est des lieux maudits, dont je tairai le nom
Devenu désormais synonyme d'affront,
Des lieux abandonnés par la pudeur humaine,
Succursales d'enfer, satanique domaine
Où l'on a vu germer de modernes Judas,
Et renaître la tourbe à qui plut Barrabas.

« *Tolle*, s'écrient-ils, *tolle*; qu'on nous le livre;
« Que par nos mains d'acier le monde s'en délivre;
« Qu'il soit brisé, haché, détruit, anéanti
« Ce signe avilissant de tout peuple abruti,
« De tout peuple enchaîné par l'étole du prêtre.

« Nous sommes libres, nous, et voulons le paraître;
« Libres dans notre esprit, libres dans notre cœur.
« Par Voltaire affranchi Mayeux [1] reste vainqueur.
« Nous ne redoutons plus de pitoyables flammes

---

(1) Personnification de la nation française, comme John Bull l'est du peuple anglais.

« Et vivons en repos sur le sort de nos âmes.

« Nos âmes, c'est le pain dont nous nous repaissons;

« Le vin, surtout, le vin qu'en jurant nous buvons.

« Vive l'enfer! trinquons; à l'œuvre et bon courage! »

C'est dans ce noir argot que s'explique leur rage

Qui, ne connaissant plus ni terreur ni pudeur,

Arrache de la croix l'image du Sauveur

Et, comme sur la claie, au milieu des ordures

Et d'un charivari de sordides injures,

D'impatients éclats, de sifflets effrontés,

D'enflammés jurements à l'enfer empruntés,

La traîne horriblement sur la rustique voie [1].

L'air frissonne troublé de leur stupide joie.

Ici, singeant les juifs et leurs lâches bourreaux,

Ils flagellent le Christ gisant sur les carreaux.

Plus loin ces forcenés, que le démon gouverne,

Le portent, en hurlant, de taverne en taverne.

En d'autres lieux encor les temples dépouillés,

---

(1) Voir les journaux du temps et particulièrement l'Ami de la religion du 10 février 1831.

De leur haleine infecte empestés et souillés,
Se jonchent des débris de la gloire chrétienne
Broyés sous les efforts d'une masse payenne.
Fanatiques dévots du fétiche Arouet,
Des objets les plus saints ils se font un jouet :
Jetant brutalement sur l'impure chemise
L'ornement de fin lin que consacra l'église,
L'aube chaste, et l'amict et les purs vêtements ;
Osant parodier d'augustes sacrements,
Ils affrontent sans peur d'effroyables oracles.
Leurs sacriléges poings battent les tabernacles :
Ils veulent *enfoncer* l'asile du dieu fort !
Et défier de près le maître de la mort !

Mais, ô grand Dieu ! que vois-je et comment le décrire ?
Ici l'âme défaille et la parole expire :
Un lévite éperdu, frappant le sol du front [1],

---

(1) Id. du 17 mars, même année.

Vient expier l'horreur d'un satanique affront.

Il racle le pavé de ses lèvres tremblantes;

Le lave, en sanglotant, de ses larmes brûlantes.

On dirait que le cœur, voulant se faire jour,

Heurte son sein gonflé de douleur et d'amour.

Il veut du corps sacré reconnaître la trace;

Que son cœur seul l'indique, et que sa langue efface

Les vestiges divins d'un infernal forfait.

Mais le Dieu tout puissant a comblé son souhait.

Ah! tirons le rideau sur cette scène auguste,

J'en ai déjà trop dit: laissons pleurer le juste;

Il imite Jésus priant pour ses bourreaux,

Et retient indécis les rugissants carreaux.

Reposons nos regards sur la ville sublime

Dont l'agissante foi sut enchaîner le crime,

Et faire respecter sa sainte liberté.

Honneur, honneur à toi, héroïque cité,

Fille de la Phocée et noble sœur de Rome,

A toi qui sus sauver la croix du fils de l'homme!

Comme en tant d'autres lieux on l'osa menacer;
Mais sur dix mille corps il eut fallu passer.
Oui, dix mille chrétiens de tout sexe et tout âge,
Pendant trois longues nuits, pour conjurer l'orage
Que faisait chaque jour gronder l'impiété,
Veillèrent, patients, dans leur anxiété.
Leur pieux dévoûment, leur stoïque attitude,
Dissipant les périls, calment l'inquiétude,
Et chaque jour, ainsi, Marseille, à son reveil,
Revoit le Christ brillant aux rayons du soleil,
De ce puissant soleil dont la flamme féconde
Est l'emblême si vrai de sa foi si profonde;
Dont l'ardeur, si poignante aux beaux jours de l'été,
Nous peint, en flots de feu, sa vaste charité.

O cité méconnue et tant calomniée,
Aux plus hauts sentiments cependant dévouée !
O peuple généreux, libre et grand par ta foi,
Pour qui le décalogue est la première loi !
Modèle noble et fier de sagesse civile,
Toi qu'on osa traiter d'ignorant et servile

Quand on ne vit jamais ton front si radieux
Fléchir que pour la croix qu'adoraient tes aïeux ;
Toi qui, fort de vertu, serais le seul peut-être
A pouvoir te passer d'un dynastique maître !

Je ne t'appartiens point ; reçois d'un étranger,
Qui vit tes jours de gloire et tes jours de danger,
L'hommage impartial d'une estime profonde :
Oui, ton nom parera les annales du monde.

Dieu trois fois saint, Dieu fort, Dieu vivant, immortel !
Ramène tes enfants autour de ton autel.
Éclaire leur esprit ; guéris leurs cœurs malades.
Qu'on contemple à tes pieds, ces frêles Encelades,
Non foudroyés, Seigneur, mais soumis, repentants ;
Désenchantés d'orgueil et d'amour haletants.
Qu'ils connaissent ton Christ, leur rédempteur, leur père ;
Celui qui revêtit la chair et sa misère

Pour leur reconquérir la double liberté;

Liberté pour le temps et pour l'éternité !!! [1]

---

(1) Punitions du ciel contre des profanateurs de la sainte Croix.

Un de ces malheureux morts d'hydrophobie dans un hospice. —Ami de la religion du 10 février 1831. — Trois individus de Narbonne frappés d'une mort horrible : l'un d'eux qui vomissait des imprécations contre la croix, pendant qu'elle s'écroulait de son piédestal, est mort perdant tout son sang par la bouche, les yeux et le nez. Un quatrième a été frappé d'une cécité complète. Ibid. 6 novembre 1830. —Bien d'autres châtiments effroyables ont eu lieu pendant les deux révolutions; il serait utile de les constater et de les recueillir.

Satire III.

1832.

SATIRE TROISIÈME.

> Erase un hombre a una nariz pegado.
> *Quevedo. Son.*
>
> Une fois il estoit, dans l'isle de Mayorque,
> Un quidam que son nez traisnoit à la remorque.
> *(Imit. lib. de l'auteur.)*

L'Esprit de Nostradamus.

Or, croirez-vous aux revenants,

Sots pyrrhoniens, vils mécréants,

Engeance du diable émanée

Et qu'il attend pour sa fournée ?

Oyez un fait surnaturel,

Connu, positif, solennel,
Que la divine patience
Présente à votre impénitence
Pour préserver maint occiput
Des griffes de Béelzébuth ;
Vous induire à rescipiscence,
Et de mécréants et maudits
Vous faire anges du paradis.

A donc, sachez, grimauds, qu'en cette ville antique
Où de Nostradamus gît l'illustre relique,
Bref, c'était à Salon, dans l'ombre de la nuit,
Une effroyable voix fit entendre son bruit :
Elle semblait partir du sombre mausolée.
Le voisin s'en émeut, sa femme est désolée,
Enfin, tout le quartier en sursaut réveillé,
L'un à peu près tout nu, l'autre en déshabillé ;
S'élance dans la rue. On se heurte, on s'empresse,
Quant un lourd *mitoyen*, né natif de Gonesse,
De sa voix *tricolore* exhalant les tons doux :

« Arrêtez, leur dit-il, arrêtez tas de fous !
« Quelle mouche, aussi tard, vous talonne et vous pique ?
« Croiriez-vous aux esprits, à la vertu magique,
« Aux gnomes, revenants, spectres et loups-garoux ?
« Ils sont tous *enfoncés* : badauds, rentrez chez vous ! »

A ces mots imprudents le bruit redouble et gronde
Et siffle comme un plomb qui fuit loin de la fronde.
Un fantôme effrayant descend du haut des airs ;
Sa voix est un tonnerre, et ses yeux deux éclairs :
De légers feux follets ornent sa tête nue ;
Sa face est égrillarde et sa barbe chenue.
Il prolonge un grand cri, disant : « Motus ! motus ! »
On se prosterne alors ; c'était Nostradamus.
Le quasi mécréant, que la peur décolore,
Du signe de la croix prudemment se décore ;
Son cœur tout effaré dans son ventre bondit ;
Il tombe face en *boue* et demeure interdit.
On entend les clameurs d'éclatantes trompettes,
Et des bruits souterrains et des voix de tempêtes.

Soudain Nostradamus lève sa verge d'or,
Le silence renaît ; il parle et dit : « encor

« Si fais retour, et par divin pouvoir
« Vaticiner bien me sied et me duit.
« Or quand que quand grand ogre verrez choir,
« Ventre vuidés et France bon proufit.
 « Avant aurez mirifique expectacle :
« Nantes verra sublime Salamandre ;
« Miracle fait par enfant de miracle :
« Le cœur de fer ains deviendra cœur tendre.
 « En trente huit, evesque claudicant,
« Grand polchinel de trosne et nation,
« Passera l'huis en protocolisant
 « Devers Minos (prinse ultime unction ;
« Car trespasser veult orthodoxement)
« Et s'en ira bénit, très insospect,
« Crossé, mitré, grivois, Clopin-Clopant,
« Au grand Pluto faire Salamalec ;
 « Que paix d'enfer li doint, bien méritée !
 « Voici venir, par onde rigoureuse,

« Noir pavillon de nef moult contristée;

« O noble nef bien que *capricieuse* !

« Ores verrez se capricieuse est :

« La revoila pimpante et guerdonnée;

« Thétis li rit, Neptumnus la complaît;

« D'albines fleurs poupe illec coronnée.

« Qu'apportes-tu, la nef, en ton giron ?

« — Si porte paix et liesse du pays ;

« Si port esprit né fils de nation ;

« S'oïr le veulx destorne vers Paris.

« Antécédent à si grande adventure,

« Sourdra fracas de langues vipérines,

« Au diamant jetant leur bave impure

« Pour esfascer clartés quasi divines.

« Sur Château-Fort plane horrible harpie,

« Aux doigts salis, au cœur fétide et sec;

« Cuidant férir palombe endoulourie,

« A tel empris laisse griffes et bec. »

Il dit, et d'une main non quasi-formidable
Happe le *mitoyen* juste au milieu du rable ;

Le fait pirouetter frétillant dans les airs ;
Le lance sur sa bourbe, et de ses mots amers
Fustige, en ricanant, le triste misérable :

« Orça, pitaud, qui ne crois aux esprits
« Et portes cœur d'athéisme sospect,
« Ores verras se seront des abris
« Pour toi garer de mon bras vert et sec....

« Dis *gratias* à la charité mienne
« De non vouloir, par doulce preud'hommie,
« De ton gros lard et de ta rance couenne
« Faire, d'un coulp, égypciaq mummie.

« Ains, très clément, la peine si commute,
« Et pour guarir tes concepts motinés,
« Veulx solement, jouxte ta fasce brute,
« *Argoutiser* [1] un mirifique nez. »

Ce disant, il le touche avec sa verge d'or :
Au premier coup, d'un pied le nez s'avance.

---

(1) *Argoutiser un nez* signifie aujourd'hui, en France, prolonger indéfiniment ce promontoire de la face humaine.

Nostradamus retouche encor,
Et ce long nez devient le plus long nez de France.
Tout disparait, le peuple rit,
Et chacun regagne son lit.

Satire IV.

1833.

SATIRE QUATRIÈME.

Lacenaire.

> Imitantur illum qui sunt ex parte illius.
> (Sap. C. 2, v. 21.)
>
> Impius, cùm in profundum venerit, contemnit.
> (*Livres saints.*)
>
> Tel qu'on vit quelquefois le crime,
> De Thémis honteuse victime,
> Rire du gibet aprêté ;
> Tel, hébété dans son délire,
> L'athée, au moment qu'il expire,
> Ose affronter l'éternité.
> (*L'auteur ; l'athéisme, dithyr.*)

SOMMAIRE.

On vient d'annoncer à Lacenaire que sa tête tombera le lendemain sous la hâche de la loi. — Seul devant l'éternité, il dévoile son âme dans un monologue. — Le poète apostrophe le philosophisme qui a fait d'une âme, créée à l'image de Dieu, ce monstre métaphysique dont on peut dire, avec encore plus de raison que ne le disait le grand Bossuet du *caput mortuum* d'un cadavre : « C'est un objet qui n'a pas de nom dans la langue. »

« Je ne te connais pas, ni ne veux te connaître

« Toi qui me fais mourir comme tu me fis naître,

« Pouvoir persécuteur, pouvoir artificiel
« Que la terre fomente et qu'elle livre au ciel.
« De tes vaines terreurs mon âme est affranchie,
« Et je vivrais mille ans, que ma tête blanchie
« Ne se courberait pas au pieds de tes autels.
« Je ris, avec pitié, de l'erreur des mortels,
« De la présomption puérile et bizarre
« Qui leur a fait penser qu'une nature avare
« Les avait enrichis d'un être inaperçu
« Devant vivre toujours quand ils auront vécu.
« Je ris bien plus encor de la manie étrange
« Qui leur fait redouter l'assaut d'un mauvais ange,
« Et de ce sot orgueil d'animal vicieux
« Sans façon s'adjugeant un royaume des cieux.
« Non, non, je n'ai de foi qu'aux plaisirs d'Epicure,
« Et c'est pour ces plaisirs que, domptant la nature,
« J'ai su, sans éprouver ni terreur, ni remord,
« Aventurer ma vie et décerner la mort.
« Quel tort ais-je donc fait au vieillard imbécile
« Possesseur impuissant d'un trésor inutile ?

SATIRE QUATRIÈME.

« Je l'ai sauvé des maux de la caducité.

« C'est un bras raisonneur, mais non point irrité,

« Qui l'a rendu de force à la paix éternelle,

« A la paix du néant, si certaine et si belle

« Pour qui n'est bon à rien si ce n'est à souffrir.

« Au fond je l'ai fait vivre en le faisant mourir.

« Pour le vieillard caduc le repos c'est la vie;

« Il me doit ce repos auquel je porte envie

« Aujourd'hui que le sort, déjouant mon dessein,

« M'a fait retomber pauvre et traiter d'assassin.

« Assassin !... ce n'est pas que le mot m'effarouche,

« Car le vain quolibet d'une stupide bouche

« Vient de droit s'émousser sur ma froide raison.

« Poussé par le besoin j'ai, comme le lion,

« Cherché, dans le trépas d'une autre créature,

« Le seul bonheur qui plaise à ma fière nature.

« Il me fallait de l'or pour avoir des plaisirs,

« Du sang pour avoir l'or et combler mes désirs,

« J'ai tué. J'ai bien fait. Un culte sanguinaire

« Seul pouvait convenir au dieu de Lacenaire.

« Ce dieu, le seul en qui ma raison met sa foi,

« Qu'elle puisse adorer enfin, ce dieu, c'est moi.

« Pour celui qui ne croit qu'à la matière pure

« Il n'est point d'autre dieu que sa propre nature.

« Je suis dieu ; je suis prêtre et sacrificateur.

« J'ai le droit d'immoler tout être à mon bonheur ;

« Le genre humain entier si, par ce sacrifice,

« Je pouvais caresser mon plus léger caprice,

« Avancer, d'un instant, l'heure d'un rendez-vous,

« Trouver un sou de plus pour contenter mes goûts,

« Encenser mon orgueil, enivrer ma luxure,

« Réchauffer, par du sang, une froide aventure,

« M'épargner seulement un ennuyeux soupir,

« Ou faire mieux vibrer la fibre du plaisir.

« En un mot, point de dieu, point d'avenir, point d'âme,

« Point de distinction de l'honnête à l'infâme.

« Mon bien, voilà le bien ; mon mal, voilà le mal.

« Tout homme n'est pour moi qu'un premier animal.

« Il immole la bête, et la bête j'immole.

« Cœsar, ou le taureau, c'est, pour mon capitole,

SATIRE QUATRIÈME.

« Tout un ; et progressant du Ciron jusqu'au roi,
« Je ne vois que matière et qu'un vrai dieu, mon moi ! »

L'entendez-vous, enfants du pourceau d'épicure ?
Voilà votre homme à vous, l'homme à matière pure ;
L'homme badigeonné de crimes et d'horreurs,
Affranchi d'un dieu juste et des saintes terreurs ;
Se faisant un bouquet, un ornement de fête,
Du sang de l'innocent et de sa noble tête.
Oui ; le voilà ce monstre, ou ce démon de chair,
Tel que le fit de Sade et tel qu'il vous est cher,
Amis du genre humain, effrayants Aristides
Qui bridez les vertus et qui rompez les brides
Aux vices, aux forfaits, à l'incrédulité,
A la rage de l'or et sa férocité.
De votre homme en progrès voilà le prototype,
L'esclave déchaîné que le crime émancipe,
L'élément convulsif d'un ordre social
Que jalouse, en secret, le désordre infernal.

Satire V.

1836.

SATIRE CINQUIEME.

ÉPITRE

A M. PIERRE BATLLE,

Membre de la Société philomatique de Perpignan, poëte encore plus remarquable par sa modestie, que par un talent supérieur.

> Halte-là ! Qui vive ? — « Province. » —On ne passe pas.
> (Tactique de la camaraderie parisienne.)

Emule de Reboul, du *premier* Lamartine,
N'arrête point les flots de ta verve divine ;
Chante et chante toujours: qu'ils montent vers les cieux

Ces sons si doux, si purs d'un luth dévotieux;
Ces élans de ton âme et si tendre et si sainte
Où l'espoir immortel, adoucissant la crainte,
Devant l'homme effrayé sait éteindre le sort,
Innocenter la vie et féconder la mort.

Oh! combien j'aimerais à t'aider dans cette œuvre;
Dussé-je, à ton chantier, être simple manœuvre,
Apporter les outils, et gâcher seulement
Et le sable et la chaux de ton noble ciment!
Mais frappant ma poitrine, hélas! vieille coupable,
Que pourraient les efforts d'un pêcheur incapable,
Me dis-je, pour mêler un secours odieux
Au zèle tout puissant d'un chantre aimé des cieux?
Pour chanter avec l'ange il faut l'être soi-même,
Et je dois renoncer au sacré diadème
Qui ne va qu'au seul front des poètes du ciel.
C'est à l'abeille seule à composer son miel;
Mais moi frélon tardif, à trompe satirique,
Quand je croirais pousser un soupir extatique,

Ou moduler ma voix en saint gémissement,
J'aurai troublé les airs d'un lourd bourdonnement.

Ainsi dis les vertus sur ta lyre propice :
Moi, sur un sistre aigu, je puis huer le vice ;
Il suffit, pour cela, de la haine, du mal
Et d'un brin de ce fouet que rougit Juvénal.

Oh ! ce fouet, je le tins ; je m'en souviens encore,
Et sens l'air qu'excitait son sifflement sonore ;
Oui, c'était à Paris, pays d'illusion,
Ou tout, hormis le bien, se tourne en passion.
Je cherchais un appui pour mon début timide,
Et mes vers, engouffrés chez le libraire avide [1]
Faute de protecteur, ne m'ont que trop appris
Que le talent, sans l'or, s'étiole à Paris.

Abordez donc, sans or, le journaliste avare
L'artiste, magistrat, ou l'éditeur ignare [1] ;
Rien ne luit, sinon l'or, à leurs regards confus,

(1) Bien entendu qu'il n'y a pas de règle qui n'ait ses honorables exceptions.

Et vous n'obtiendrez rien que d'ignobles refus :
Pas seulement l'honneur de vous demander *comme*
L'ouvrage postulant s'intitule et se nomme.

« MONSIEUR, vous disent-ils en insufflant leur voix,
« Que nous apportez-vous ? Des coquilles de noix,
« Vains bruits de prose, ou vers, mort-nés de la province?
« Monsieur, *Vade retro !* Votre bagage est mince :
« Sachez qu'il faut ici du bloc, du positif,
« Baroque, romantique et surtout lucratif,
« Monsieur ; prose à bureau, réductible en finance,
« Ou *carmes* retapés à la nouvelle France ;
« Prose enfin de budjet, vers de Caligula,
« Noirs, durs, secs et pelés comme le mont Hécla.
« En avez-vous, Monsieur, de cette *riche race* ?
« On pourrait, en ce cas, leur trouver digne place.

« Mais après tout, Monsieur, possédez-vous un nom?
« Vous êtes-vous ici fabriqué du renom ?
« Souscrivez-vous Hugo, Scribe, ou bien Delavigne ?

« Vous ne répondez rien ?... sortez ; c'est la consigne.
« Nous sommes encombrés de chefs-d'œuvre nouveaux;
« En de longs compliments n'usons pas nos chapeaux,
« Monsieur ; le temps est d'or : c'est assez de visite. «

Ainsi vous éconduit l'éditeur parasite,
Vrai chiendent du génie et lierre destructeur
Dont les mille suçoirs dévorent un auteur.

Aussi, depuis trois ans, je garde le silence,
Et laisse au râtelier ma satirique lance
Qui quelquefois s'indigne et frémit sur le bois,
De voir rouiller son fer, mon génie et ma voix.
Oh ! Combien plus heureux, à l'abri du Pyrène,
Tu vois se colorer les doux fruits de ta veine !
Là se conserve pur le feu sacré des arts.
Contre les vents *du Nord* de glorieux remparts
Protègent la chaleur d'un foyer littéraire
Dont l'égoïsme abject ne fait point un repaire :
Là de jeunes talents s'unissent en faisceau,

Se soutenant l'un l'autre, et là, sous le boisseau,
Ne s'étouffera point cette sainte lumière
Dont le céleste éclat brillante ta carrière.

Poursuis donc ton destin, poète des vertus ;
L'éditeur de tes vers ne sera point Plutus :
De plus nobles patrons veilleront à ta gloire,
Et de tes beaux succès nous garderont l'histoire.

Mais moi, je vais rentrer dans mon obscurité.
Il ne fallait pas moins que ton luth enchanté
Pour faire tressaillir ma cendre poétique,
Et remettre debout un spectre satirique
Depuis longtemps gisant dans l'ombre de l'oubli,
De ses derniers échecs encor mal rétabli.

Il est dur toutefois de sentir, dans son âme,
Les bouillons étouffés d'une mordante flamme,
Alors qu'on voit partout mille sujets divers,
Provoquer, sans pudeur, les sévices du vers,
Et qu'on reste contraint, par défaut de chevance,
A les laisser gaiment scandaliser la France ! ! !

Satire VI.

1839.

SATIRE SIXIÈME.

MON DERNIER MOT

A MON SIÈCLE.

> *Vires acquirit eundo.*
> (Virgile, Énéide.)
>
> *Improbitas illo fuit admirabilis ævo.*
> (Juvénal, sat. XIII.)
>
> Boileau se fût armé de la verge de fer.
> Il aurait fait agir le scalpel satirique,
> Ou traité, par le feu, la gangrène publique.
> (*L'auteur*, sat. I.)

A moi, mon siècle, *un mot* ; ce sera le dernier :
Si je te dis adieu c'est pour te renier,
Pour clouer, sur ton front le signe de la bête,

Et faire enfin ployer ta vaniteuse tête ;

Arracher, sans pitié, ton masque d'oripeau

Et t'exposer tout cru, sans tunique et sans peau ;

Faire fondre et couler ton vieux fard politique

Sous un sot embompoint cachant une ame étique ;

Enfin te présenter à tes frères futurs

Avec ton cœur de boue et les traits faux et durs.

Approche donc, grand siècle, et viens sur la sellette

Affronter les couleurs de ma franche palette.

Pour poser dignement drape ton désarroi,

Et tâche de singer les airs du peuple-Roi.

Hélas ! Je vois déjà que tu perds l'équilibre,

En voulant affecter le port d'un peuple libre,

Toi débile et niais... dis-moi : l'ignores-tu

Que le mot liberté se traduit par vertu ?

Mais n'anticipons point et voyons, par chapitres,

Quels sont, à nos respects, et tes droits et tes titres.

Et d'abord commençons par la moralité,

SATIRE SIXIÈME.

premier titre d'honneur pour la postérité ;

Car enfin, qu'on y soit bourgeois, ou gentilhomme,

Un siècle tout entier doit paraître honnête homme

S'il veut que l'avenir, se courbant devant lui,

Dise que la grandeur sur son front a relui ;

Puisque la vertu seule est la grandeur suprême,

Et seule peut dorer ce front d'huile et de chrême.

Or, sur ce fait, beau siècle, il n'est point de milieu ;

On n'a pas de vertu si l'on ne croit en Dieu.

Que penserons-nous donc (je parle pour la France)

D'une époque où la loi, taisant cette croyance,

Dénonce à l'univers, à la postérité,

Tout un peuple affranchi de la divinité ?

O malheur de nos jours ! Turpitude éhontée

Qui rend, de par la loi, notre patrie athée !

Et, flétrissant ainsi tout un corps social,

L'inféode à l'enfer par un acte légal ;

De l'autel du vrai Dieu brise l'antique pierre
Et, sur ces saints débris, rehausse un Robespierre! [1]
Du moins cet ogre impur adoucissait son fiel
Pour mettre un front sanglant aux pieds du Dieu du ciel.

Aussi pour bien juger tout ce monde moderne,
Au philosophe grec empruntons sa lanterne.
Cherchons, parmi la foule, un seul homme de bien,
Un homme à vertu pure, un probe citoyen.
Notez-le bien : je dis un homme à vertu pure ;
Non du bien et du mal la mosaïque obscure ;
Non un calque amaigri du sévère Caton,
D'une folle utopie impuissant avorton.

Mais où trouverons-nous ce sublime Aristide,
Ce citoyen parfait, ce cœur noble et candide ?
Nous aurait-on caché, sous des faix de lauriers,

---

(1) Personne n'ignore que Robespierre fit reconnaître et proclamer législativement l'existence de l'être suprême et l'immortalité de l'âme.

SATIRE SIXIÈME.

Quelque Cincinnatus, modèle des guerriers,
Qui, vainqueur indigent, ainsi qu'une recrue,
Fait cuire son légume et reprend la charrue ?
Eclairez tous ces fronts que le sort couronna ;
Hélas ! pour un Desaix combien de Masséna !
Consultez l'Italie ; interrogez l'Espagne : [1]
Tout pays fut pour eux un pays de Cocagne.
Vases sacrés, bijoux, quadruples et tableaux
Sont les riches supports de leurs blasons nouveaux.

---

(1) Je puis en parler avec connaissance de cause, ayant fait cinq campagnes en Catalogne, dans les armées de l'Empereur, pendant la guerre que le peuple Espagnol appelle : « Guerre de l'indépendance. » Du reste on a vu d'honorables exceptions. Les noms justement illustres des Oudinot, des Victor, des Gouvion-Saint-Cyr, (que je m'empresse de nommer parce qu'il ne fut pas équitable à mon égard pendant son ministère) (a) quelques autres encore sont dans la bouche de tout le monde. Mais les exceptions prouvent la règle, et malheureusement on n'en est pas moins contraint de confesser qu'à des époques d'ailleurs glorieuses sous d'autres rapports militaires, le cynisme des déprédations avait atteint son apogée.

(a) Cette inadvertance, (c'est ainsi que je me plais à la qualifier) de M. le maréchal Gouvion, en m'immobilisant dans un emploi sans avancement, a beaucoup influé sur ma position ultérieure, et a été en partie la cause qu'avec plus de 30 ans de services, plusieurs campagnes, douze mortelles années d'un service spécial, comme rapporteur, dans le ministère public militaire, vingt-cinq ans du grade de capitaine et des infirmités suites de la guerre, je n'ai ni retraite, ni traitement quelconque !

« Ils furent bons soldats : » c'est là le cri de mode.
Oh le beau faux-fuyant ! oh l'excuse commode !
Eh ! quel est le français qui, courant au trépas,
Pour vaincre l'ennemi, leur eût cédé le pas ?

Etaient-ils bons soldats ces Bayard, ces Turène
Pour qui la probité fut toujours souveraine ;
Qui même refusaient, dans des cas très permis,
L'or qu'offrait, en pur don, la main des ennemis ?
Brillaient-ils moins du feu dont la vertu rayonne
Que tel palefrenier trottant vers la couronne ?
Au vrai, quel fut le but des modernes combats,
Sinon de monter haut en partant de bien bas ?
Ce courage avait-il le mérite et la teinte
De celui d'un seigneur allant en terre sainte ?
Ce seigneur n'avait pas de rang à conquérir.
Etait-ce pour de l'or qu'il risquait de mourir ?
Il vendait à vil prix le fief héréditaire
Pour aller tomber pauvre au pied du mont Calvaire,
Et léguait, pour tous biens, à de pauvres enfans,

Une croix blasonnée et de *fictifs* besans [1].

Des guerriers de nos jours nous encensons la gloire ;
Mais... nous devons chanter comme parle l'histoire.

L'honneur immaculé fait seul les vrais héros ;
Eternise leurs noms et consacre leurs os.

Eh ! si, dans les rangs même où la gloire s'attache,
A peine nous voyons quelques vertus sans tache,
Que pourrons-nous trouver dans tout l'ordre civil ?
Oh ! quant à celui-ci, vu de face, en profil,
De l'arrière à l'avant, de l'avant à l'arrière,
Vous y verrez toujours flotter même bannière
D'adorable couleur ; couleur caméléon,
Tantôt disant Louis, tantôt Napoléon ;
Et, pour peu qu'on poussât, de réplique en réplique,
Effaçan l'un et l'autre et mettant république ;
Puis, effaçant encor et république et roi,
Sur le champ déblayé n'inscrivant qu'un vil *moi*.

---

(1) Ancienne monnaie de l'empire de Constantinople. On en voit dans le blason des familles dont les ancêtres ont été aux Croisades.

Oui, le *moi*; le voilà le dieu de notre époque,
Flagorné sous le casque, engraissé sous la toque ;
A qui seul aujourd'hui l'on garde le serment,
Car, pour le dieu du ciel, on en rit, on lui ment
Comme s'il n'avait plus, dans ses mains redoutables,
Le foudre intelligent, les fléaux indomptables ;
Comme si l'on avait, dans l'arsenal du sort,
Encloué la vengeance et la faux de la mort.

Mais amusez-vous donc à compulser les fastes
De nos gouvernements et de leurs jours néfastes.
Cherchez la probité, le respect de la foi
Chez celui qui construit, ou qui subit la loi :
Chez tous vous trouverez égale indifférence
Pour tout ce qui jadis fut sacré pour la France.
Au lieu du point d'honneur, qui gardait chaque seuil,
Partout vous ne voyez qu'égoïsme et qu'orgueil,
Ambition sans frein, sensualité brute,
Hypocrisie enfin qui flétrit et rebute.
Croit-on le thermomètre à l'irréligion ?

On exile le Chrits de toute région.

L'homme puissant lui-même, ardent enthousiaste : [1]

Réchauffe, sous nos yeux, la rage iconoclaste :

L'ouvrier est-il lent pour abattre la croix ?

Lui-même y met la main sans crainte des beffrois !

Mais le vent change-t-il ? Aussitôt, à la vierge,

Le renégat changé va consacrer un cierge. [1]

Enfin nous avons vu, dans ce siècle infernal,

La gloire aller chez dieu faire son carnaval.

S'agit-il de voter dans nos grandes comices ?

Chacun s'empresse alors d'abjurer ses prémisses ;

Tel avait, en partant, promis fidélité

A ses concitoyens ; mais sa ductilité,

comme celle de l'or, se prête à la filière ;

Le fougueux député souffre la muselière :

Le ministère est là les mains pleines de dons :

Bourses, charges, honneurs, pots-de-vin et cordons,

A nos frais, sont jetés aux publicains modernes

Qui tous, grands et petits, tant chefs que subarternes,

---

(1) Le lecteur s'apercevra facilement qu'il y a ici sacrifice à la législation sur la presse.

S'asseyant affamés au monstrueux banquet,
D'un bruyant appétit dévorent le budjet.

O Rabelais! reviens admirer un cynisme
Devant lequel pâlit ton pantagruélisme !
Oh! qu'ils étaient bien loin de nos ogre-Midas
Tes frères l'Entomeure et tes Gargantuas !
J'entends l'aigre concert des stridentes machoires...

Avez-vous jamais vu, dans ces laboratoires
Où l'habitant du Sud, au parfum du laurier,
Elève un ver rongeur que nourrit le mûrier,
Cette chenille avide, à la feuille adhérente,
Qui, nuit et jour, la moud sous sa dent triturante ?
Ainsi nos grangousiers bouffissent leur jabot
De la truffe qui naît dans l'humus de l'impôt.
L'impôt, c'est la victime aux grands Molochs offerte :
Ceux-ci rassasiés, courent à la desserte
Mille petits Molochs; insectes histrions,
Pour qui nous sommes tous de vrais Amphytrions,

Nous citoyens payants, aux faciles mamelles,
Végétaux dévoués aux viles sauterelles.

Ah ! ne recherchons plus l'antique probité
Dans le noir tourbillon de ce siècle effronté.
L'horrible soif de l'or corrompt toutes les ames.
L'or déguise, embellit les actions infâmes,
Donne un air de bêtise à l'austère vertu.
Le courage du bien, sous son poids abattu,
Honteux et défaillant par tout cède la place
A l'intrigue perverse, à la tranchante audace.
L'or seul fait le mérite et donne le renom.
La vertu se transforme et n'est plus qu'un vil plomb
Qui pèse à tout le monde et dont ne veut personne :
Sur le fumier de Job gisante on l'abandonne.

Est-elle assez au jour ton immoralité,
Siècle impur ? maintenant voyons ta liberté
Dont tu fais tant de bruit qu'il ébranle le monde
Etourdi des éclats de ta rude faconde.

Tu dis donc: « je suis libre ; immoral, il se peut;
« Mais enfin je suis libre ainsi que dieu le veut. »

Oh ! pour ton bien, tais-toi, déclamateur impie ;
Ne jette pas à dieu ta bave de harpie :
Libre... eh! de quoi l'est-tu ?... de conspuer ce nom
Devant lequel tombait le chapeau de Newton ?
Libre de blasphémer, sur la place publique,
Sans que le fer bouillant à ta langue s'applique ?
Libre de dénier, au dieu de tes ayeux,
L'hommage d'une tête et d'un genoux pieux ?
Libre de propager la puante doctrine
Que l'enfer enseignait à l'auteur de Justine ?
Libre de tout nier, la justice, le droit;
De souffler, sans pudeur, et le chaud et le froid ?
Libre enfin de tuer ta mère sociale ;
Cette vertu de dieu, puissance spéciale
Qui, sous le nom béni de sainte vérité,
Peut seule à l'univers donner la liberté ?

Voilà tes libertés monstrueuses et viles.

Ces autres libertés qu'on appelle civiles,
Où donc les caches-tu qu'on ne les puisse voir ?
Par quelque faux semblant crois-tu nous décevoir ?
Penses-tu nous dorer, d'un peu de rocambole,
Cette chaine d'airain que l'âpre monopole
Redouble sur le cou d'un peuple pantelant,
Sur ses pieds engourdis à tout pas chancelant ?

La plaisante manière, oh! vraiment d'être libre !
Tu ne peux respirer un air qu'on te calibre
Qu'avec la permission du fisc notre seigneur.
D'un ignare jury, timide barguigneur,
Dépend la sûreté du citoyen paisible
Qu'un poignard enhardi prend souvent pour sa cible.
Tu ne peux pas tirer sur le loup enragé
Si, par quinze tournois, ton tube dégagé
N'acquiert la faculté de passer pour une arme
Que doivent respecter l'amende et le gendarme :
En sorte que le riche est toujours bien reçu
A préserver du corps le précieux tissu,

Tandis qu'un pauvre hère, à la dent de la rage,
Ne doit rien opposer qu'un funeste courage.
Tu ne peux faire un pas, dans ton propre pays,
Que muni d'un papier qu'on n'obtient pas gratis;
Et si, faute d'argent, dans ce pélérinage,
Tu chemines sans carte, oh! le vagabondage
A ta course hardie aussitôt imputé,
On t'envoie en prison rêver de liberté.
Veux-tu d'un litre pur, à vingt pas de ta porte,
Régaler un ami? garde qu'on le lui porte
Sans qu'un billet payant, par le fisc octroyé,
Le rende inviolable à monsieur l'employé.
Si non, tu vois soudain une figure have
Se hisser devant toi : c'est le dieu de la cave;
Le dieu, le roi, le rat, tout comme il te plaira :
Mais de son sceptre lourd il te martèlera;
Confisquera ton vin par première mesure;
Le boira par finale; et, pour que sa censure
Garde un certain vernis d'aimable urbanité,
En l'avalant dira : « Je bois à ta santé. »

SATIRE SIXIEME.

D'odieux surveillants une immonde nuée
Ronge, comme un cancer, la France exténuée.
On ne les compte plus, même par bataillons.
J'en vois sous le tabis comme sous les haillons.
Depuis le cabaret jusqu'au palais superbe
Ils pullulent partout comme la mauvaise herbe;
Défigurent le fait, enveniment le mot,
Et nous réduisent tous à croquer le marmot,
Y compris le beau sexe; affreuse outrecuidance!
Car le sexe, lui-même, on le bâillonne en France.
Le sexe, horrible à dire! le sexe est muselé;
Pour lui la politique est champ clos et scellé.

C'est là ta liberté, siècle sémi-barbare;
Vain et bas près du riche, auprès du pauvre, avare.
L'anneau serre tes pieds; la cangue est sur ton cou;
Maintenant dis-toi libre et l'écho dira : « fou. »

Et toutefois ta tête orgueilleuse se dresse.
« Qu'importe, me dis-tu, chez nous plus de noblesse,

« Au fait, nous pouvons bien payer en liberté
« Les plaisirs enivrants de notre vanité.
« Nous sommes tous égaux; à Paris, en province,
« Autant maître Simon que le duc ou le prince. »

Oh! pour le coup, grand siècle, il le faut avouer;
Sur mon sistre moqueur tu viens de me clouer.
Comment continuer ma sifflante harangue
Quand, d'un seul mot tranchant, tu me coupes la langue:
Cependant elle tient par un petit filet
Qui pourrait bien suffire à jouer du sifflet.

Oui-da vraiment, chez-toi la populace altière
A quitté les sabots pour monter en litière.
Vous allez tous de pair: les riches citoyens
S'affaissent au niveau de nos tondeurs de chiens;
Et nous venons de voir, le jour de Saint-Philippe,
Ceux-ci, chez les préfets, aller fumer leur pipe.
On les invite au bal; ils sont du grand banquet,
Et mêlent au concert leur bachique hoquet.

Puis les dames du jour : de leurs mains parfumées,
Provoquent le contact de ces mains enfumées
Qu'a hâlé le soleil, qu'a rudi le travail,
Et dont le cosmétique est le tabac et l'ail.
Oh! c'est édifiant : car ces récentes dames,
A l'esprit éclairé, aux fraternelles ames,
Dévotes, s'il en fut, à sainte égalité,
Pour éteindre à jamais l'antiquite vanité,
Unissent vaillamment leurs minces damoiselles
Aux puissants portefaix. Les plus gentes donselles,
Les filles du banquier, du notable avocat,
Vont de leur riche dot relever le goujat :
Et par ainsi l'esprit d'égalité s'infiltre,
Et même de l'amour a remplacé le philtre.

On s'ébaudit à voir nos modernes Jourdains,
Du Jourdain de Molière abjurant les dédains,
Ne rêvant plus noblesse, ou même bourgeoisie,
Avec les vanupieds partager l'ambroisie
Dans la salle à manger; et puis, dans les salons,

Pour danser avec eux, payer les violons ;

Echanger les égards, les hautes politesses ;

Traiter la tricoteuse à l'égal des comtesses ;

L'appeler noblement Madame du tripot,

Et Crépin, savetier Monsieur de Poule-au-Pot.

Tu grimaces beau siècle, et tu hoches la tête ?

A te voir on dirait que je te prends pour bête :

Certes, je suis bien loin d'un si noir attentat

Et sais trop ce qu'on doit au siècle potentat

Qui lance à l'avenir, en torrents de lumières,

Des bienfaits qui mettront les plus humbles chaumières

Au niveau des palais et, renversant la loi,

Feront de nous un peuple où chacun sera roi.

Magnifique avenir ! nous y touchons peut-être...

Mais quel bruit imposant m'appelle à la fenêtre ?

Quel est ce char hautain dont frémit le pavé ?

Un ci-devant jeune homme, au vieux cœur dépravé,

S'étale, avec raideur, dans le riche équipage

Que suivent des laquais et que précède un page ;

Car aujourd'hui le Groom, aux bourgeois Richelieu,
Verse le vin d'honneur et de page tient lieu.

Eh bien, vous penseriez, à voir ce noble faste,
Qu'il encadre un des noms de la plus vieille caste;
Ou bien le fils heureux d'un de ces fiers guerriers
Devenus grands seigneurs à force de lauriers :
Point du tout : ce grand train n'est pas héréditaire.
Le père à Monseigneur, décrié prolétaire,
Qu'un pays tout entier a titré de coquin,
Méconnaîtrait son fils dans ce bruyant faquin.

C'est un de ces magnats dépourvus de flamberge,
Poussé, tout d'un seul jet, comme pousse une asperge;
Où, si vous l'aimez mieux, comme un noir champignon;
Sur du fumier pourri, venu sans compagnon.
De son luxe orgueilleux, qui blesse et désespère,
Il écrase, en volant, le peuple son grand-père.

Mais j'oubliais encor le trait le plus frappant
Du vertige inouï de ton orgueil rampant :
Eh quoi ! tu peux parler d'égalité flatteuse

Quand, sur tes citoyens, pèse une loi honteuse
Qui, dévouant le pauvre aux sévices de Mars,
Permet à l'opulent d'éviter les hasards,
De racheter son sang par une lâche aumône?
Ainsi quand le premier, forcé dans sa personne,
Au fer de l'ennemi va présenter le flanc,
L'autre, cuirassé d'or, lui dérobe son sang.

Avait-on jamais vu dans tout l'ancien régime,
Privilège si noir qu'on le prendrait pour crime?

Comprends-tu maintenant, siècle juif, entêté,
A quoi donc se réduit ta sotte égalité?
Chacun, de ce doux mot, gargarise sa bouche;
S'agit-il de l'objet? oh! personne n'y touche.
On veut l'égalité; on la veut, il la faut:
Est-ce de haut en bas?... nenni; de bas en haut.

C'est assez; je ne puis, sur cet objet risible,
User mal à propos ma lanière inflexible:
A ce jeu ridicule elle peut s'énerver;
Pour un sujet plus grave il la faut réserver.

Je dirai seulement, au bout du paragraphe,
A tous nos chiens bassets jaloux de la girafe,
Que pour atteindre enfin la vraie égalité,
Il faut, la bourse en main, suivre la charité.
Seulement il me reste un bien pénible doute :
Voudra-t-on l'aborder en prenant cette route ?
NON......

Que t'en semble-t-il, siècle jactancieux ?
Ta tête est dans la boue et ton orgueil aux cieux.
Ton cœur tout boursoufflé d'un venin délétère,
De ta bouche, à flots noirs, comme par un cratère,
Le verse à l'avenir dans mille écrits divers,
Odieux monuments de ton esprit pervers.

A t'entendre, on dirait que ta littérature
A vaincu, d'un seul coup, et l'art et la nature;
Car la nature et l'art ne sont plus, à tes yeux,
Que les sots préjugés de tes pauvres aïeux.
Tu les prends en pitié ; ta noble suffisance,

Avant toi, ne veut pas qu'on ait écrit en France :

Et j'ai vu soutenir que le fort Bossuet

Ne serait aujourd'hui qu'un prosateur fluet ; [1]

Que sa phrase était lâche et sa pensée abstruse.

Fénélon, fade écho des vallons d'Aréthuse,

Des lambeaux de la fable ornant son mannequin,

Se serait affublé d'un habit d'arlequin.

On déchire toujours et jamais on ne loue.

Qu'est-ce que Massillon ? quest-ce que Bourdaloue ?

On pourrait tolérer des pages chez Buffon.

S'il n'était inexact et quelquefois bouffon.

Montesquieu penserait ; mais il a la faiblesse

De croire qu'à l'état il faut une noblesse :

---

(1) Cette thèse a été soutenue, contre moi, par un professeur de belles-lettres de Marseille, rempli néanmoins de savoir et de mérite. Il ne se doutait certainement pas qu'il me donnait une énigme à deviner dont je n'ai jamais su trouver la solution. Je me souviens que je restai ébahi, et cet ébahissement dure encore. Faudrait-il s'expliquer le phénomène par l'empire de la mode, ou la froide rage du paradoxe ? Ma foi ! je ne décide pas la question ; l'énigme demeure et je ne suis point un sphynx.

Il dit en apporter d'assez bonnes raisons,
Que je tiens dignes, moi, des petites maisons.

Peut-être pourrions-nous faire grace à Jean-Jacques;
Mais comment supporter ses vapeurs maniaques ?

Et puis, si de la prose on veut passer aux vers ;
Que de sots préjugés ! que d'orgueilleux travers !
Le siècle vous dira qu'il a trouvé Corneille,
Même après Hernani, trop dur à son oreille ;
Racine trop musqué, Voltaire trop pimpant,
Et le noir Crébillon glapissant et jappant.
Jean-Baptiste Rousseau, poursuivant le lyrisme,
Se vautre pesamment dans le vieux pédantisme.
Il a cru faire une ode à son comte de Luc,
Fendre l'air et planer ; c'est l'oiseau de saint Luc
Donnant du nez à terre, ainsi que dit Virgile. [1]
Il y brise un renom qui n'était que d'argile :
La Harpe a beau vouloir le relever d'un mot ;

---

(1) Procumbit humi bos.

Rousseau n'a point de verve et la Harpe est un sot.

Boileau, deshérité du sceptre poétique,
Par represaille, ira pourrir dans la boutique
Inhumé, par le siècle, aux pieds de Chapelain;
Et Virgile lui-même au-dessous de Lucain.

Enfin, qui le croirait? le réfulgent Homère,
Jusqu'à ce jour l'orgueil de la Grèce sa mère
Qui contemplait en lui le dieu père des dieux,
Par le siècle est traité de poète ennuyeux.
L'Iliade n'est plus qu'un fatras narcotique,
L'Odyssée un pathos à rendre apoplegtique.
Si de les lire, hélas ! le mal vous est échu,
La thériaque est là ; buvez l'ange déchu.

Mais je dois m'arrêter, car il faudrait des tomes.
Pyron, Gresset, Chaulieu sont de petits bons-hommes.
En un mot, sur son front, notre grand siècle a mis :

SATIRE SIXIÈME.

« Nul n'aura de l'esprit que nous et nos amis. »

Ah! l'esprit, à coup sûr, n'est pas ce qui lui manque.
Mais quel est cet esprit ? c'est l'esprit saltimbanque,
L'esprit tout débraillé, sans rime ni raison,
Prenant un plat orgueil pour son diapason.

Aussi voyez un peu comme il se glorifie
Des hideux soubresauts de sa philosophie :
La nature, à ses yeux, n'est qu'un grand animal
Qu'il soumet au calcul infinitésimal ;
Et c'est de ce grand tout qui végète et s'ignore
Qu'il a fait l'humble dieu que sa fadaise adore ;
Dieu divisible et simple, immuable et changeant,
A tous ses attributs tour-à-tour dérogeant ;
Logogriphe insoluble aux plus fortes cervelles,
Devant qui tomberait les vigoureuses ailes
De Loke, de Pascal, Descartes et Newton,
Renforcés de Socrate et du divin Platon ;

Dieu tout matériel, inextricable engeance
Qui, ne connaissant rien, produit l'intelligence ;
Cause, par conséquent, en dessous de l'effet,
Et valant beaucoup moins que l'homme qu'elle a fait ;
Car l'homme la connaît, l'analyse et la nomme
Quand elle ne connaît ni soi-même, ni l'homme.

Je ne poursuivrai pas les systêmes divers
Trop tristes à mon ame et trop lourds pour mes vers.
Admirez seulement l'échantillon logique
Déroulé, sous vos yeux, par le siècle éclectique.
Humez de sa raison l'inéfable parfum ;
Et si vous entendiez le hargneux sens commun
Murmurer sourdement : « voilà de l'athéisme ; »
A genoux, criez-lui ; c'est le saint panthéisme !

Mais laissons fermenter, dans leur matras profond,
Ces systèmes de mort où l'esprit se confond ;
Où le cœur se dessèche ; où l'ame épouvantée
Du dieu de l'avenir se croît deshéritée,
Et donnons un coup d'œil à nos littérateurs

Nourris d'un encens gras et d'aromes flatteurs.

Dans mon crâne la verve incandescente et fière
Fait crépiter la braise et jaillir la lumière.
L'indomptable pensée, au milieu de ces feux,
Mûrit la vérité pour nos derniers neveux.

Oui, la vérité seule a droit à mes hommages;
Et de tous mes écrits je brûlerais les pages
Plutôt que de mentir à la postérité.

Contre les novateurs, bien loin d'être irrité,
Mon cœur contemporain n'a que de l'indulgence,
Même pour les écarts de leur intelligence.
Avant que de médire il m'est doux de louer,
Et je le puis encor; mais non pas m'engouer;
Mais non pas adorer ce mélange bizarre
Du goût le plus pervers, du talent le plus rare,
Qu'offrent, à chaque instant, de notables écrits
Où tous les faux brillants devraient être proscrits;
Où le talent s'abjure et, triste suicide,
Comme un métal impur se salit et s'oxide.

O du bien et du mal monstrueuse union
Qui, foulant la pudeur, brave l'opinion !
O de l'orgueil humain déplorable folie !
O d'un sens dévié cruelle anomalie !
A côté d'un chef-d'œuvre et d'esprit et de goût
Sont des vers qu'on croirait éclos dans un égout.
Au penser destructeur se joint l'ignoble image
Que la halle revêt de son hideux langage.
C'est un historien mû par la passion,
Qui trouve la vertu dans la convention ;
De sa rage de sang applaudit l'énergie,
Et des temps de terreur préconise l'orgie.
Il se pâme en voyant la tête de Capet
A quelques chenapans servir de parapet. [1]
Quelle tête, grand dieu ! c'est la tête du juste,
D'un roi vrai citoyen sans cesser d'être auguste.

Auprès de lui je vois un nouveau Juvénal

---

(1) Deux hommes de lettres distingués, que j'ai consultés sur ma satire ont

Mêlant le faux au vrai dans son rhythme infernal.

J'admire son génie et sa puissante verve ;

Mais pourquoi, chez Satan, a-t-il pris sa Minerve?

Sous sa masse de fer pourquoi donc confond-il

Le crime et la vertu, la rapine et l'exil?

Pourquoi, dans les élans d'une fougue inhumaine,

Au malheur innocent prodigue-t-il la haine ?

Pourquoi, se rabaissant au style carnassier,

Sur nos cous suspend-il *le triangle d'acier* ?

Oh ! combien je le plains ce poète sublime !

---

cru que cette métaphore était trop hardie et manquait de justesse. Malgré ma déférence pour leur avis, je reste loin de partager une telle opinion.

Il est incontestable que la plupart des apologistes de la convention (car, dans notre siècle, la convention a trouvé des apologistes comme l'athéisme, le matérialisme et les doctrines les plus anti-sociales !!!) il est, dis-je, incontestable que ces apologistes ont prétendu que le régicide était devenu politiquement indispensable pour effrayer les étrangers, et que la tête de l'innocent Louis XVI avait été comme jetée entre la convention et leurs colonnes pour en arrêter la marche.

Il est donc évident que le gouvernement de fait, anarchique et sanguinaire de l'époque, avait considéré ce grand crime comme moyen de défense, ce qui suffit à justifier, ce me semble, la métaphore, hardie si l'on veut, mais juste, dont je me suis servi.

Du reste, le remplacement de ce vers serait bien facile; on pourrait lui substituer :

« De quelques chenapans devenir le jouet. »

Son vers diamanté, fait pour rompre la lime
Du critique sévère et du temps destructeur,
A travers l'avenir eût porté son auteur,
Sur une aile flambante, au faîte de la gloire !
Alors ma muse, à moi, moins digne de mémoire,
N'étant que sœur cadette, à ce dieu fraternel
Aurait brûlé, pieuse, un encens éternel.
Eh ! qu'aurait-il fallu pour ce concert sublime ?
Je l'écris l'œil noyé : *ne frapper que le crime.*

Déplorables effets de nos divisions !
Fruit acerbe et maudit des révolutions !
Les esprits et les cœurs dont l'union intime
Eût dû se cimenter par une noble estime,
Pour des dissentiments, noirs produits de l'orgueil,
Du foyer mutuel, s'interdisent le seuil.

Abjurons à jamais cette haine barbare.
Enfants du même dieu que rien ne nous sépare,
Et puisqu'à vivre ensemble il nous a destinés
Vivons d'amour !.... la haine est l'état des damnés.

Comment réaliser cette sainte utopie

Tant qu'une Melpomène abjecte autant qu'impie,

Le crâne échevelé, le sein et les bras nus,

Prêchera la fureur sur des tons convenus,

Gâchera, dans le sang, un stupide auditoire,

Offrira du poison à qui voudra le boire,

Et, pilant sous ses pieds le laurier des aïeux,

D'un déluge de boue aveuglera nos yeux ?

Je ne veux point fouiller un fétide cloaque,

Ni traduire, en mes vers, son bruit démoniaque.

De ce gouffre il ne sort que miasmes impurs,

Sarcasmes infernaux, prosaïques et durs,

Vociférations révolutionnaires,

D'une envieuse humeur éclats atrabilaires.

Un poète jadis, après *Agésilas*,

De sa bouche exhalait un lamentable *hélas* !

Et puis, au ton majeur reconduisant sa lyre,

Dans un joyeux accès de comique délire,

Foudroyait *Attila* d'un assomant *hola* !

Quels cris eût-il poussés après *Caligula* ?...[1]

Eh bien! là ne gît point le plus hideux scandale,
Et je dois aborder un thème bien plus sale.
Oui, je dois enchaîner la générosité
Pour venger la morale et la pudicité.
Je fouette jusqu'au sang, par amour du coupable;
Car le fouet quelquefois peut être charitable.

Tu me comprends, lecteur, je veux parler ici
De ces auteurs coiffés, sans honte et sans souci,
Scandalisant le monde au bruit de leurs frédaines,
Et du respect-humain brisant toutes les chaînes.

Qui n'a pas vu, de nous, un vieux haillon de chair,
De nos climats si purs venant infecter l'air,
Semer les bas propos d'une bouche lubrique
Et répandre, en tous lieux, un écrit impudique

---

(1) On est d'autant plus malheureux de se voir forcé de faire, par respect pour la vérité et la saine et noble littérature, d'aussi tristes réflexions, que les ouvrages qui les justifient portent souvent le cachet d'un talent très remarquable, et qui prouve que les auteurs ne sacrifient au mauvais goût que par entraînement ou par système. Et, pour ne point sortir de la dernière pièce que je viens de nommer, quel est le connaisseur, je dirai même simplement la personne lettrée, qui pourra s'empêcher de voir la preuve de ce que j'avance dans l'admirable scène du baptême?

Où l'auteur, remâchant l'arrière goût du rut,

Préconisait sa honte en style turpe et brut,

Et lançait, au public confus de l'impudence,

De ses déportements l'infecte confidence ?

Il nous comptait les lits du quartier général

Qui furent embrenés de son amour brutal !!!...

Androgyne nouveau, sa taille décrépite,

Aujourd'hui sous le schal, demain sous la lévite,

Tâchait de déguiser sa vile vétusté,

Bien moins fille du temps que de la saleté.

Du reste, je ne sais ce qu'elle est devenue

La vieille virago que je t'exhibe nue.

Mais ne vas pas, lecteur, croire que je la hais :

Qu'elle soit morte, ou non, que dieu lui fasse paix !

Avec plus de talent, mais non moins d'impudence,

Surgit un autre auteur qu'on croirait en démence ;

Auteur enjuponné tout comme le premier,

Comme lui quelquefois se coiffant du cimier,

Et du dieu des jardins adorateur bizarre,

Brûlant, pour l'honorer, l'encens de la cigarre.

C'est à travers les flots des vapeurs du tabac
Qu'il tâche à restaurer et de Sade et d'Holbach.

Dans sa prose perverse, où tant d'esprit pétille,
Elle sert le poison à l'épouse, à la fille,
Au tendre adolescent qui, le cœur combattu,
Entre le vice libre et l'austère vertu
Devant fixer son choix pour ériger un temple,
Poussé par le discours et gagné par l'exemple,
Arrache, à la vertu, son sceptre protecteur,
Et consacre le temple aux vices de l'auteur.

Triomphe criminel d'une âme pervertie
Abusant des trésors dont dieu l'avait lotie !

D'une main de Titan l'auteur audacieux
Etançonne l'enfer et démolit les cieux.
C'est un débordement de maximes perverses ;
C'est le mal satanique arrivant par averses.
Chaque nouvel écrit sue un nouveau poison

Qui corrode le cœur et pourrit la raison.

Le penser dissolvant et l'expression dure

Rongent, avec mépris, les lois de la nature.

L'esprit conservateur méchamment combattu

Succombe et, dans sa chûte, entraîne la vertu.

L'auteur lâche le nœud du lien de famille.

Les crimes les plus noirs ne sont plus que vétille :

Que dis-je ? il les proclame un admirable effort

Que fait le cœur humain pour devenir plus fort

Et, devenu plus fort, pouvoir librement vivre.

Et, c'est la liberté, la force d'un homme ivre

Qui se livrant, stupide, à sa faible fureur,

Se joue avec la mort sans raison, ni terreur.

Lisez et relisez : sur sa page honteuse

Vous trouverez toujours la bave vénéneuse.

Le père n'a plus droit au respect de l'enfant ;

Et, du saint mariage à son tour triomphant,

L'adultère, guidé par l'inique matrône,

Sur le lit conjugal vient étaler son trône.

C'est là qu'elle établit le culte des cinq sens ;

C'es-là qu'elle prodigue un impudique encens ;
C'est-là qu'elle est heureuse , là qu'une bouche infâme
Verse à flots le venin de la cynique femme.
Verse encor ; verse assez pour y prendre ton bain.
Un cri !... gare à Vert-vert, le franc rimeur en ain !... [1]

 L'orage épurateur fouette une mer immonde.
D'abord l'éclair menace et le tonnerre gronde :
Soudain la foudre tombe et fracasse et détruit
Et mêle horriblement le silence et le bruit.

 Ainsi doit fulminer la voix du satirique ,
Mêlant la réticence au canon sarcastique.

 Encor, si ces horreurs formaient l'exception ,
Je pourrais désarmer la malédiction :
Mais comment désarmer quand les lettres, en masse ,
Naviguent dans les eaux de la Sirène homasse ?

 A peine quelques noms rappellent la vertu.
Je vois , parmi le sexe , une Amable Tastu ,

---

(1) Voir Gresset, poème de Ver-vert. (Chant IV, v. 34 et les quatre précédents.

Joignant un beau talent à la saine morale.

Ce nom formerait-il la liste générale ?

Mais... comme Despréaux, j'ose... presque ajouter :

« *Qu'il en est jusqu'à trois que je pourrais citer.* »

Chez nous, sexe majeur, de plus sage nature

(A ce que nous disons) quelle littérature !

Otez quelques auteurs, qui sont bientôt comptés,

Tous les autres, en bloc, vers l'abyme emportés,

Dans l'océan du mal errent sous basses voiles,

Sans boussole, sans l'est, ni souci des étoiles.

Ils préfèrent, au port, le rescif et l'écueil;

Mais ils ont pour pilote et le lucre et l'orgueil.

Hélas ! il est trop vrai : cette littérature

Se nourrit de serpens, barbotte dans l'ordure;

Et, pour mieux imiter les stupides canards,

Comme eux marche boiteuse et chante en sons nasards.

Ici braille un oison, empesté pédagogue,

Qui prend le contre-pied des lois du décalogue,

Frénétique impudent, son style furieux

Nous prêche le néant d'un ton luxurieux.

Il ne voit de bonheur qu'au milieu de l'orgie,

Résultat positif de sa démagogie.

Il verse le venin sous le nom de nectar ;

Veut que le globe entier ne soit qu'un lupanar

Où, pour toute vertu, la volupté salope

Inonde également le palais et l'échope.

Là déclame, en riant, sur un ton doucereux,

Un caustique ennemi des élans généreux,

Pour éviter les traits du lâche ridicule

La vertu, devant lui, se contracte et recule.

A ses yeux la pudeur, les plus nobles instincts

Des vices les plus noirs ne seraient pas distincts.

Je me trompe : le vice aurait la préférence.

Le vice est lucratif ; l'honorable indigence

Doit lui céder le pas ; elle n'apporte rien...

Misère à l'honnête homme ; opulence au vaurien :

Tel est le cri du siècle et tels sont ses exemples.

Les voleurs, de Plutus, ont encombré les temples.

Ils ont mieux fait : voulant s'installer en son lieu,

Pour se rendre divins ils ont volé le dieu ;

En sorte qu'en ce jour il n'est pas de village

Qui n'adore un Plutus, dieu de part le pillage.

Puis battez-vous les flancs pour prôner la vertu ;

Finissez les combats du *moi* contre le *tu* ;

Faites rentrer le calme au sein de la tempête :

Vous y perdrez l'esprit et peut-être *la tête*...

L'exemple est séduisant et pestilentiel :

Le peuple l'entend mieux que les ordres du ciel.

Enfin, le corps entier de la littérature

De l'état social attaque la structure.

On déclare la guerre à toute vérité.

On ne veut ni de dieu, ni de la piété.

La probité, la foi passent pour duperie,

Et l'amour du pays pour une momerie.

Le fils est affranchi du pouvoir paternel ;

Son amour désormais est conditionnel.

On légitime tout : et la haine du père

Et l'horrible combat de frère contre frère.

Il n'est pas un seul crime, une sale action
Qui n'ait son avocat, sa bénédiction.

De ce siècle abruti la vertu toute entière
Se résume en deux mots : l'amour de la matière ;
La matière surtout qui brille et sonne clair.
Cet amour idolâtre est répandu dans l'air.
C'est comme un choléra, comme une épidémie
Qui, desséchant le cœur, en fait une momie.
Il n'est qu'un dieu, qu'un roi, qu'une loi, qu'un statut :
C'est l'or ; car, hors de l'or, il n'est point de salut.

Aussi, pour en avoir, le champion littéraire
Transige quelquefois avec son adversaire :
Il se fait sur ce point d'incroyables trafics.
Pierre fait de beaux vers et Jean les rends publics ;
Il les vend comme siens, en a toute la gloire
Et donne, au pauvre auteur, un modique pour boire.
On vend l'esprit, le cœur, la verve, le renom ;
Enfin l'or, au talent, impose un joug de plomb ;
Et tel fait le gros dos dans une académie
Qui jamais n'hésita devant cette infamie.

O dépravation de la tête et du cœur !

Apollon reconnait Mercure pour vainqueur.

On tourne, contre lui, la cécité d'Homère.

On réduit le génie au sort de Bélisaire.

O bassesse inouie ! ô turpe lâcheté !

Monopole inconnu, par le siècle inventé !

Où sont, pour te flétrir, les phrases déprimantes ?

Il faudrait, du fer chaud, les rigueurs infâmantes ;

Car, pour stigmatiser cet attentat nouveau,

Le poète n'est rien : il y faut le bourreau !!!

Le voilà donc ce siècle ; entouré de décombres ;

Vivant, comme la mort, au sein des noires ombres.

Il a tout abattu. Rien n'est resté debout.

Comme un joueur sinistre, il a fait son va-tout

De l'honneur, des vertus et des lois les plus saintes.

Au tour de son cœur vide il a mis trois enceintes :

La première c'est l'or ; l'autre c'est le néant ;

La troisième l'orgueil père du mécréant ;

Et pour tout cimenter, il a, de l'athéisme,

Fait un mortier compacte en mêlant l'égoïsme.

Tel est le beau travail du siècle dissolu

Qui veut tout engloutir dans le vide absolu.

Il prend l'homme trompé pour sa triste victime,

Et c'est par les cheveux qu'il le traîne à l'abyme.

Ainsi l'or, le néant et l'orgueil indompté

Sont, de ses vils autels, l'horrible trinité.

Maintenant demandez, à ce despote avide,

Comment il va combler cet abyme du vide,

Et vous allez frémir de ce qu'il répondra.

Des ses discours mortels l'horreur vous confondra.

Parmi les grands docteurs nourris à son école

La plupart, en ces mots, formeront leur symbole :

« Nous ne croyons à rien qu'aux physiques plaisirs,

« et le bonheur consiste à combler ses désirs.

« Il faut nous délivrer de toute retenue,

« Et ne jamais rougir de la volupté nue.

« Nous n'avons d'autre dieu que cette volupté ;

« Seulement il lui manque, hélas! l'éternité...

SATIRE SIXIÈME.

« Mais qu'importe ? elle fait le bonheur de notre être,
« Et tout autre bonheur n'est jamais qu'un peut-être.
« Elle seule, sans peur, ricane sur la mort,
« Et trouve la sagesse à se moquer du sort.
« Le plaisir, l'intérêt font sa philosophie.
« Du mal, plus que du bien, elle se glorifie ;
« Ou, pour mieux dire encor, dans son état normal,
« Elle préfère, au bien, les délices du mal. »

D'autres moins orduriers, mais tout aussi barbares,
Oseront vous répondre en ces termes bizarres :

« Pourquoi tant de fracas pour un si mince objet,
« Et de vous lamenter où donc est le sujet ?
« Eh bien ! tout est à bas : que voulez-vous qu'on fasse ?
« Jouissons ; on mettra quelque chose à la place,
« Ou l'on ne mettra rien ; mais jouissons toujours :
« Il n'est plus de plaisirs au delà de nos jours. »

Un troisième docteur, que la mollesse assiège,
En bâillant lentement morcélera : « que sais-je ! »

Et tous, reprenant l'œuvre avec plus de fureur,
Crépiront la Babel du crime et de l'erreur ;

Et le peuple, gorgé de maximes atroces,
Les réalisera par des actes féroces;
Et le corps social, sur sa base ébranlé,
Au premier coup de vent croulera mutilé.

Comprenez-vous le siècle et sa rare sagesse ?
Voilà tous ses trésors et toute sa largesse.
Indigent de vertus et riche de poison,
Il s'en sert pour tuer le cœur et la raison.
A sa place il a mis la noire rêverie;
A la place du cœur c'est la sensiblerie;
La foi cède la sienne à l'esprit mécréant,
Et le dieu créateur à l'inactif néant.
Le goût pur, dans les arts et dans la poésie,
Se retire effrayé devant la fantaisie;
Et l'honneur, autrefois notre plus cher trésor,
Effaré, chancelant, tombe accablé par l'or.

Ce siècle rodomond, fier de l'intelligence,
De son sens apprauvri ne voit point l'indigence.

SATIRE SIXIÈME.

Son brutal égoïsme et son orgueil niais,
De voir ce qui n'est pas ont trouvé le biais.
En fait de liberté, jetez-lui l'étiquette.
En fait d'égalité, c'est encor bien plus bête :
Il y croit sans la voir ; il s'est fait une loi,
Lui, siècle mécréant, d'y croire par la foi.
Il ne croit pas de dieu l'adorable existence ;
De la sotte matière il croit l'omnipotence,
Et, pour vous mettre en main son grand passe-partout
Gueule, en Aliboron : que *tout est dans le tout* !!!¹

Ages passés, futurs, découvrez votre tête ;
Jetez-vous à genoux et faites la courbette :
Pour le siècle modèle il faut, sans plus surseoir,
Préparer les parfums et chauffer l'encensoir.
Poète, inspire-toi du plus brûlant délire
Et monte, à sa hauteur, les cordes de ta lyre.
Et toi, musicien, excite tes accords ;

---

(1) Théologie St-Simonienne.

Pour lui que la louange enfin coule à pleins bords.

Voyez comme, à ces mots, il s'enfle et se rengorge.
Les vapeurs de l'orgueil le prennent à la gorge.
Sa tête, à la raison, dit un dernier adieu ;
Désormais monomane va se croire dieu;
Il ordonne déjà que l'avenir l'adore.
Ainsi s'enflait, crevait *la chétive pécore*.

Oui, pour le genre humain, abjurer la raison
C'est devenir pécore et crever en oison.

Mais laissons de côté le sel de l'ironie ;
Il fondrait, sans profit, sur tant d'ignominie :
Comment guérirait-il un siècle furibond
Qui se dit bien portant quand il est moribond ?
Il faut, pour le traiter de cet idiotisme,
Le moxa dévorant et l'âcre synapisme.
Il faut que le scalpel, hardi, tranche les chairs,
Et qu'à grand coups de foudre un dieu purge les airs.

Adieu, mon siècle, adieu ! ma verve est harassée

Et ne peut plus marcher au pas de ma pensée.

Le plus sûr est, je crois, de finir brusquement,

En t'offrant, pour bouquet, ce naïf compliment :

« Tel que je t'ai trouvé, mon siècle, je te laisse ;

« Avec ton ame basse et ton humeur diablesse ;

« Fou, méchant, fanfaron et, qui pis est, un sot. »

Cette dernière fleur est bien mon dernier mot.

Mon dernier mot?... c'est bon: mais, si Pégase piaffe,

Je me réserve encor d'y mettre le parafe.

Satire VII.

SATIRE SEPTIÈME.

LE CRI DU CID

à Maroto.

> Poderoso cavallero
> Es don dinero.
> (Quevedo.)

> ¡Al traydor, muerte en vida y vida en muerte!
> (L'Auteur, *porte-feuille*.)

Etouffe tes enfants; sauve-les de ton nom.
La mort est un bienfait auprès d'un vil renom ;
Et quand un castillan est flétri sur la face,
Il ne lui reste plus qu'à détruire sa race.

Satire VIII.

SOUVENIR D'UN 21 JANVIER [1].

SATIRE HUITIÈME.

LE CAUCHEMAR DE JACOMINOR,
BAMBOCHADE.

PROLÉGOMÈNES.

(Mot, soit dit sans vanité, beaucoup plus parant que *préliminaires* et singu-lièrement remarquable ici par son opportunité).

Procession romantique des épigraphes, pour donner une riche enluminure d'érudition; ce qui n'est jamais à dédaigner, et ne gâtera rien à la sauce : il s'agit de *victuailles*.

LA TABLE.

          En avant marchons
          Contre les dindons,
     Les veaux, les carpes, les oisons.
          Courons à la victoire :
          Aurons-nous de la gloire ! ?

(Épigraphe des épigraphes, parodie tyrtéenne d'une hymne pindarique; soit tambour-major de la colonne qui va défiler la droite en tête, guide au centre, quoique classiquement il dut être à gauche; ou, si on l'aime mieux bannière de la procession (2).)

---

(1) Historique quant au fond.
(2) J'aurais pu ajouter encore une épigraphe pour cette première épigraphe.

Quorum Deus venter est.
(Livres saints).

....
.....................(*)
(Texte.)

Nos Pharaons des temps les plus reculés furent successivement chefs et grands-maîtres de l'Institut du VENTRE qu'ils avaient reçu, en droite ligne, de Tubal-Caïn, remontant lui-même à Caïn, premier fondateur de l'Ordre.

Celui de ces augustes ventrus qui eut querelle avec le conducteur des Hébreux, l'était à tel point que, dans un paroxysme de rage appétissante, il faillit avaler tout vif son adversaire qui ne se sauva que par miracle.

> (Cépophis, grand-prêtre du Dieu Oignon : histoire du Ventre antique ; édition en pierre de taille ; tome *Luxor*, en lecture publique à Paris, pour l'instruction et le progrès des Ventrus de la capitale. On craint seulement que quelque jour ils ne dévorent ce joli volume qui est chose riche aussi, et la plus belle primeur d'asperges qu'on eût jamais vue dans la vieille Lutèce. — Traduction d'un sphynx.)

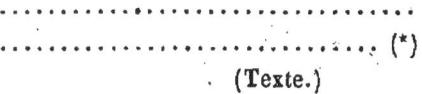

(Texte.)

Le ventre est le grand cloaque du corps humain, le patrimoine des vers, de la pourriture et du méphitisme ; et comme l'a très

---

telle, par exemple que celle-ci : « Pindarum quisquis audeat æmulari ? — Quasi mirus a vineâ. » Et répondre enfin à une question posée, par le bon Horace, depuis environ deux mille ans ; mais j'ai réfléchi que ce serait par trop de richesses, et qu'il fallait s'arrêter sur ce juste milieu qui fait, en tout, le tempérament de la chose ; en un mot, savoir se borner.

(*) Nous avons été forcé de suppléer, par des points, les textes originaux ; notre éditeur ne possédant pas pour le moment, dans ses ateliers, les caractères relatifs aux diverses langues orientales, vivantes ou mortes, qui nous ont fourni ces textes : mais, dans l'éventualité d'une seconde édition (revue, corrigée et augmentée, comme de juste) ; ne voulant plus être pris au dépourvu, il a déjà fait ses commandes à Palmyre, Thèbes aux cent portes, Ispahan, la Mecque, Tombouctou, Stamboul, Pékin, Jérusalem et autres lieux. Diable ! j'oubliais la place forte de Paris où l'on trouve de tout : jusqu'à des fusées à la congrève, et un vaisseau de ligne pour défendre les abords par la Seine.

SATIRE HUITIÈME. 141

lucidement (1) chanté un poète des temps nébuleux, la république des vents, des tempêtes et des aérolythes. C'est le ventre qui tue.

(Sanchoniaton. Théologie égyptienne (Αιγυπτιακης θεο-λογια) version de Philon de Biblos, fragments conservés, par Porphyre, et aussi dans la préparation évangélique d'Eusèbe (*caput* : « De abstinentià carnis animalium. ») — Traduction justifiée sur l'original phénicien, par .... hardi!.... par l'auteur. Qu'on prouve le contraire.)

....
..............................(*)
(Texte.)

Aux temps les plus antiques, il y eut, dans la Perse, une race de géants dont le ventre et l'appétit étaient d'égale proportion ; or le ventre était immense. Ces sauterelles cyclopéennes dévoraient toutes les productions du sol, et ne laissaient rien aux hommes de stature ordinaire. Le dieu Feu (en latin *Ignis*) prenant pitié de ceux-ci, raccourcit la taille des géants et leur brûla les ailes, car ils étaient faits à peu près comme les Sélénites d'Herschell (2) ; mais il ne put jamais venir à bout de rétrécir la capacité de leur abdomen, ni de diminuer la puissance énergique de leur estomac. Alors il les expulsa de la Perse, et ils se répandirent sur les autres régions de la terre, principalement dans un pays nommé les Gaules. Ils y sont encore très reconnaissables, à cause de leurs antiques facultés qui n'ont point vieilli.

(ZEND-AVESTA. — Traduction d'un Guèbre
qui avait appris le français à Chandernagor.)

(1) Qu'on ne vienne pas nous chercher noise sur la filiation de cet adverbe, et nous demander s'il est bâtard, ou de race académique : je me bats l'œil de l'une et de l'autre hypothèse. J'ai déclaré que, dans la Bambochade, je suis romantique ; *ergo*, peu m'importe la loi ni l'usage : l'Apollon d'un romantique, c'est sa fantaisie, et cela de droit et de fait : j'invoque donc le fait et le droit, et, certes ! je serai appuyé par nos plus fortes plumes.

(2) Ce texte prouve invinciblement que les habitants de la lune ont été connus dès la plus haute antiquité, et que Herschell n'a pas eu l'honneur de la découverte : *suum cuique*. Et, d'ailleurs, on ne doit, par aucun motif, négliger la critique ; vrai fil d'Ariadne qui, seul, puisse nous empêcher de nous casser le nez dans le périlleux dédale de ces temps poudreux, tout noirs comme des momies qu'ils sont, ou comme des catacombes chronologiques qu'ils deviennent tous les uns après les autres. Et qu'on ne me fasse pas une pitoyable chicane sur ce que le Zend nomme Herschell ; il est évident que le livre sacré parle ici prophétiquement. Ce serait bien pis si l'on se récriait sur le mot latin *ignis* relaté dans la parenthèse du Zend ; je dirai d'abord que je ne suis ici que copiste fidèle, et si l'on me poussait encore, je battrais en retraite sur la surnaturalité de l'ouvrage, je me sauverais dans l'inspiration de l'écrivain : attrape.

....
.... (*)
(Texte.)

Le ventre plein, trouble la tête et relâche le cœur. Tenez le ventre allégé et net autant que possible; la santé du corps entier est à ce prix.

(Averrhoës (Aboul-Vélid-Mohammed, ou régulièrement Jbn-Rochd) médecin arabe, dans son *Collyget*, vol. VII, chap. VIII, § IX, ligne 10.—Traduction, avec scholies et paraphrases, de notre célèbre docteur Leroi, illustré lui-même par les savantes notes de mon estimable ami le chimiste Labourey, à Marseille, et du docte Morisson fondateur et chef des Hygiciens parmi les Anglais qui, comme chacun sait, en qualité de nos meilleurs amis, continuent à nous faire, avec un zèle admirable de charité anglicane, l'application de leur système évacuant.)

....
.... (*)
(Texte.)

Enfants de l'empire du *Tien* (le ciel en français; comme je suis savant!) Enfants de l'empire du *Tien*, repoussez les exigeances du ventre, si vous voulez vivre et mourir vertueux. Le ventre porte mauvais conseil : il est grondeur et pétulant. C'est lui qui corrompt la chair par ses monstrueuses appétences; et toute chair corrompue gâte l'esprit et le cœur.

(Morale de Confutzée. — Traduction d'un révérend père jésuite.)

....
.... (*)
(Texte.)

Le ventre n'a jamais fait qu'un seul acte louable, en conservant, pendant neuf mois, le fœtus béni du grand Mohammed, serviteur très saint, Marabout très sacré et prophète d'Allah : (qu'il daigne distiller, sur nous et sur nos harems, la rosée enivrante de ses bénédictions !) A part ce titre unique de gloire incontestée, le ventre, mâle ou femelle, est de sa nature, terrible, dangereux, sinistre. Tenez le vide; faites lui boire de l'eau. Soyez sobres, et vous fumerez le chibouk étincelant et parfumé dans le mystérieux boudoir des houris qui vous appellent du haut des cieux : allez donc, partez vite; un vrai croyant n'y est jamais trop tôt.

(Mazoul-Usbech-Méjid-Abullam, scholiaste du Coran. — Traduction manuscrite et autographe de Napoléon Bonaparte,

SATIRE HUITIÈME. 143

général en chef de l'armée d'Égypte, à l'époque de sa dévotion au prophète ; alors qu'il déjeunait, en cinq minutes, d'une cotelette de mouton grillée au feu du bivouac, arrosée d'un verre d'eau trouble du Nil. Mais depuis : *quantum mutatus ab illo !* Hélas ! il faut bien le dire ; il avait grossi.)

....
.... (*)
(Texte.)

Philistins abdominaux, insatiables *ingurgiteurs* qui sacrifiez, dans les lieux bas, à la partie la plus vile de vous-mêmes, Israël vous dit : *Raca !* Malédiction sur vous et sur vos enfants et les enfants de vos enfants, de génération en génération, jusqu'à la consommation des siècles. Amen !

(Glossaire du Talmud. — Traduction d'un Rabbin du consistoire de Paris, mort en odeur de sainteté ; *juive* bien entendu.)

ARRIÈRE-GARDE

ou soit

QUEUE DE LA PROCESSION ÉPIGRAPHIQUE.

E potremo goder, sicuri e lieti
De' beni altrui finche fortuna il vieti.
(Tassoni. Secchia rapita.)

La cornamusa non suona mai se non ha il ventre pieno.
(Rebelais. Pièces diverses.)

Levez vos cueurs, tendez à ce repas touts mes féaux.
(*Ibid.* Garg. l. 1. chap. 2.)

Je ne sacrifie qu'à moy (aux Dieux poinct) et à cestuy mon ventre, le plus grand de tout les Dieux.
(*Ibid.* Pant. l. 4. chap. 58. citant Euripides.)

Engulirian poblet y santas-Creus (1).
(Adages de la langue catalane.)

(1) Poblet et Santas-Creus étaient naguère deux opulentes abbayes de la principauté de Catalogne. Elles ont fini par subir le sort indiqué dans l'adage ; car elles ont été effectivement *ingurgitées*, corps et biens, par la révolution péninsulaire qui, comme toutes les révolutions, joue un grand rôle dans l'Institut du Ventre.

On m'a assuré qu'il n'en reste pas même vestige apparen

SATIRE HUITIÈME.

Edite, lucrones, comedones, vivite ventres!
(Lucilius, sat. 1.)
And your sons like their lips in vain.
(Favels of Gay.— The fox in death.)
Populus, ton chier fils, qui ne vict point de lièvres,
En fleurant ton fricot en vain lesche ses lèvres.
(L'aut. imit. lib. du vers de Gay.)
Je donne au diable, en cas que de ma vie
Preigne à mercy leur ventre de quenoilles.
(Rab. Garg. L. I, chap. II.)
O ventré dur et crus, fuéch d'infer ti maduré!
Piei, per ti récoulta, lou troun dé l'er ti curé!
(Premiers et derniers vers provençaux faits par l'auteur, à l'aide
d'un dictionnaire vivant, à feuillets locomotifs (1).)

EH BIEN !

Où donc est passé mon titre à présent? Miséricorde! il est si loin d'ici qu'on ne le voit plus..... Eh! qu'importe? il n'y a pas de mal à cela : j'ai déclaré que 'jecrivais en romantique, il suffit : je ne dois rien aux règles, et malgré le *repetita nocent* de je ne sais plus quel pédant; je vais le répéter :

LA TABLE.

Pantagruéline à la fois et délicate, grandiose et pourtant civique, romantique, en un mot, et classique tout ensemble fut, dans ce grand jour, la franche lippée offerte, par Jacominor, à ses joviaux et friands

---

(1) Le lecteur concevra facilement que l'auteur ayant consacré, en l'honneur du noble Ventre, les deux uniques vers provençaux qu'il ait faits de sa vie, ne doit plus mettre la main à la lyre des Gros et des Diouloufet, chanta-t-il je ne sais qui, ce serait une profanation : *absit*.

collègues. Fraîchement promu à de hautes et lucratives fonctions, il crut ne devoir faire qu'une fête de son joyeux avènement, et de l'anniversaire le plus célèbre que nous ait légué la régénération conventionnelle.

Amphitrion généreux, Jacominor, pour paraître plus libéral encore, fit, de la masse compacte de ses frais de représentation, un vrai va-tout gastronomique. Son maître des cérémonies, thaumaturge saintsimonien, se prit à dire : « et nous aussi nous faisons des miracles. « Or sus! que le printemps soit. » Et, par engin, le printemps fut. Le poêle allemand, le *braséro* espagnol, la cheminée française, artistement disposés, combinèrent leur vivifiante chaleur et firent, en effet, du printemps au milieu de l'hiver.

Le champ de bataille, c'est-à-dire, la salle à manger pittoresquement décorée, offrait de toutes parts les tableaux les plus édifiants, les emblêmes les plus vénérables, les couleurs les mieux assorties. Ici une couronne quasi royale se marie au bonnet quasi phrygien. Plus loin le sceptre monarchique, s'unissant, en sautoir, à la massue populaire, règne, avec elle, au centre d'une auréole tricolore. Là, tonne lithographiquement le canon de Jemmapes à côté du canon de brumaire : et d'habiles rapprochements, reproduisant toutes les gloires, rappellent tous les bonheurs, raniment d'anciennes joies, et ressuscitent, en peinture, les libertés du bon vieux temps.

Mais rien n'égale la beauté ravissante du surtout historique dont le génie hardi du décorateur saint simoniaque avait su faire comme un compendium en relief des glorieuses révolutions de 89 et de 1830. A gauche le convive patriote jouit de la prise de la Bastille et peut savourer, en sucre colorié, l'épisode dramatique de son *coupable* gouverneur. A droite, l'attaque de la caserne de Babylonne, le juste châtiment des *Iscariotes* helvétiques, et quelques scènes choisies des journées de juillet, réjouissent et charment les regards.

Enfin, au centre du magnifique surtout, se déploie un plus vaste espace représentant au vif la place immortelle de la révolution dans tout l'appareil de sa gloire, à l'apogée de sa noble splendeur. Les bataillons, les escadrons, les batteries d'artillerie et celles de tambours, ce jour-là bien plus sinistres, se pressent au tour d'un Socrate couronné, et font du bruit pour tuer des paroles.

Cette admirable décoration, semblable à l'île de Panurge, n'est éclairée que par des lanternes.

Au pourtour de ce panorama, si richement patriotique,

se déroulent, en longs cordons, les mets les plus exquis, les friandises les plus recherchées. La volatile, aux pieds pourprés, que Périgueux prépare, avec orgueil, pour les têtes couronnées, tant plébeyennes que royales, exhale son fumet savoureux. Les bivalves suculentes que nourrit Cancale dans ses eaux gastronomiques, s'offrent pleines de vie à la dent empressée de nos sybarites quasi républicains; et le légume administratif, l'ambroisie des dieux d'ici bas, la truffe aux saveurs inénarrables, la truffe, épouse ministérielle, mère des lois et souvent de ceux qui les font, la truffe était partout.

Dirai-je les nectars variés plus étincelants que le fastueux cristal qui les emprisonne? Qu'il suffise, au lecteur, d'apprendre que la géographie bachique n'a pas un département renommé qui n'ait fourni ses plus riches produits au grand gala patriotique, et que les palais ultra-libéraux, se piquant d'une impartialité gastronomo-politique vraiment édifiante, passaient sans hésitation, et même sans répugnance, du Lafite républicain au Tokai impérial, au despotique Xérès. Tel un littérateur romantique passe brusquement et sans transitions oiseuses, de l'aigre au doux, du grotesque au sévère.

Là, sur soixante chaises curules, soixante vainqueurs *putatifs* guidés par le terrible Jacominor, qui prêche encore mieux d'exemple que de parole, s'efforcent d'imiter les exploits immortels des bienheureuses journées; exploits qu'ils ont appris par cœur pour avoir le droit d'en parler comme s'ils les avaient vus.

Leur bouillante impétuosité fait main basse sur le menu ; attaque, fourchette en avant, les pièces de résistance les plus imposantes, enfonce, brise, dépèce et engloutit. Les pâtés chauds sont dépavés. Les truffes s'amoncellent en barricades devant chaque héros. Les explosions de l'artillerie champenoise à tout instant redoublent ; le liége fumant, s'élance au plafond qui retentit, et retombe, en mitraille inoffensive, sur nos gastronomes orgueilleux de leur noble intrépidité.

Mais quel bruit soudain se fait entendre? des fanfares guerrières, des interjections furibondes mêlent leurs accords et leurs discordances. « *Exoritur clamorque* « *virûm, clangorque tubarum.* » Justes dieu ! que vois-je?... les Tuileries, immense croquante, chef-d'œuvre, hélas ! fugitif, de l'architecture culinaire ; les tuileries en corps et en âme, car on y voit flotter l'ignoble pavillon sans couleur, honte de nos ancêtres. A cet horrible aspect la troupe entière écume de rage, frémit, rugit et donne l'assaut. Jacominor, impitoyable Achille, saisit l'indigne trophée, le brise et triture, entre ses

dents de bronse, le sucre cristalisé qui lui donnait l'odieuse blancheur. Pour la première fois Jacominor trouve le sucre amer. Le monument détesté succombe sous les coups redoublés des assaillants dont la fureur ne fait point de quartier. Les suisses en caramel, les lanciers au chocolat croqués et avalés descendent aux enfers. Soudain, au signal des instruments, les chants de victoire ébranlent la voûte sonore. A d'amples libations s'entremêlent d'énergiques toast. Jacominor se lève, chancelle et s'appuye à la table pour porter le dernier et le plus solennel: « à l'égalité » s'écrie-t-il d'une voix inégale ; « à l'égalité déesse protectrice du peuple sou-
« verain. » A ces mots, des cris et des trépignements venant du dehors imposent le silence. « Nous avons faim,
« nous avons froid » s'écriaient, dans la rue, de pauvres ouvriers dès-longtemps sans travail. « Citoyens, dit
« alors notrs amphitrion, n'entendez-vous pas ces cris
« importuns et séditieux? l'heure est tarde, retirez-vous
« par ma porte dérobée. Demain on avisera sur l'incon-
« venante pétition orale et collective de ces fainéants.
« S'ils nous ont bien servis, nous les avons payés de
« même; partant quitte. Ils disent qu'ils ont faim; qu'ils
« aillent cirer des bottes à Ménil-montant: et puis qu'ils
« ont froid; qu'ils aillent se chauffer à Alger, si mieux

« ils n'aiment à tous les diables, où le feu ne leur
« manquera pas. Adieu donc et bonne nuit. »

LE LIT.

> Dans le réduit obscur d'une alcove enfoncée
> s'élève un lit de plumes à grand frais amassée,
> quatre rideaux pompeux, par un double contour,
> en défendent l'entrée à la clarté du jour.

La bande joyeuse a battu en retraite. Jacominor appesanti voudrait aussi gagner sa couche ; mais, pour ce faire, il faudrait marcher droit à la porte, et marcher droit, au sortir d'un gala quasi républicain, c'est à peu près la mer à boire. Un pouvoir, hélas invincible! subjugue la volonté forte du cher Amphitrion et le contraint au pas oblique. Il essaye d'avancer; sa tête tourbillonne, son corps vacille, et ses genoux de Titan fléchissent, pour la première fois, en l'honneur d'une divinité quelconque. Fils de Sémélé, c'est toi qui fis ce prodige : *Evohé*! trois fois *Evohé*! enfin Jacominor chancelle, tombe, se traîne, se ramasse, pirouette, retombe et pousse un cri. Deux laquais officieux accourent à son aide, le soulèvent de leurs bras nerveux, lui prêtent quatre bonnes jambes, l'emportent en chantant *çava*, le deshabillent avec prestesse, et l'enfournent joyeusement dans l'édredon voluptueux.

Cependant l'airain, que frappe un bras de fer, frémit et parle. Il jette sa voix lugubre à la vague de l'air qui répète, au sommeil comme à la veille, l'heure mystérieuse et romantique ; l'heure effroyable des temps féodaux ; l'heure magique où l'enfer déchaîne ses monstres aériformes, où les vampires entrent en appétit, où les sorcières chevauchent sur leurs quenouilles au galop, où l'orchestre du sabbat prend l'a-mi-la, où les revenants se mettent en quête, où les incubes et les succubes entrent en chasse, ou les ombres de la nuit se peuplent d'esprits qu'on peut voir, de corps qu'on ne peut toucher, de larves hideuses, d'horribles chimères, de spectres avides, à la gueule béante et ignivome, de fantômes aux plaies sanieuses et sanglantes, où le tonnerre, les éclairs, la foudre vagabonde, la mort... (ah, mon dieu! ce romantisme me fait frissonner moi-même)... l'horloge sonnait minuit.

La tête enfoncée dans un bonnet éclatant d'écarlate que fixe, sur son front soucieux, le bandeau tricolore, emblème trivial de la souveraineté d'un chacun, Jacominor gisait au centre d'un épais lit de plume recouvert d'un riche velours. Auprès de lui veille une flamme légère, au frôlement vague et intermittent. Un élégant somno supporte la théière et le sucrier de vermeil décoré d'ornements gothiques. Le flacon de cristal diamanté, recèle l'essence salutaire des fleurs parfumées de l'arbre aux pommes d'or ; et la bouilloire anglaise stationne et frémit, dans l'âtre, tout contre un brasier ardent que la prudence a recouvert de cendres conservatrices. La vigilance attentive du Gilotin saint simoniaque, prévoyant tous les sinistres, a préparé d'avance d'efficaces ressources.

Déjà les liqueurs ennemies livrent, dans l'estomac de Jacominor, un combat à outrance. Chacune ambitionne l'honneur de défaire la raison du buveur intrépide, et de recouvrer sa propre liberté. Des traits enflammés et volatils, lancés par tous les partis, pénétrent dans son crâne et bouleversent le cerveau, où s'organise, comme par enchantement, une infernale fantasmagorie. De seconde en seconde le sommeil devient plus lourd et plus agité. La face s'enflamme, la respiration s'entrecoupe, l'abdomen se creuse avec effort, la poitrine gonflée râle tristement, la bouche s'ouvre et se tait. Alors l'imagination déréglée assiste à des scènes étranges.

L'infortuné se croit transporté au centre d'une immense basilique. Son lit superbe devient un humble et pauvre cercueil. Le velours somptueux qui recouvre sa couche se transforme, à ses yeux effarés, en une serge noire que blasonne une formidable croix blanche. Des torches funéraires tracent, autour de lui, le cercle de Popilius. Il entend le glas des cloches, et l'orgue joue le carrillon des morts. Sa tête de plus en plus s'exalte et se frappe. Il craint le *tout de bon* ; il est prêt à se croire trépassé, quand une de ses pensées favorites vient à son secours : « eh quoi ! (se dit-il à lui-même) « je serais mort et je le saurais ?... absurde, absurde!» Il fait un effort terrible pour se lever et s'enfuir, le linceul avare retient sa proie ; Jacominor retombe extatique, raide et glacé.

A cet instant cruel une dernière illusion vient achever la déroute de sa raison déjà trop fatiguée. Les cloches et l'orgue se taisent. Une pause silencieuse l'étonne et le tient en suspens, quand tout à coup un cri funèbre et déchirant, que poussent à la fois mille voix lugubres et fortes, secoue les vitraux frémissants, et fait trembler la voute antique.

Libera ! libera ! chantait un cœur de moines qu'il aperçut en même-temps s'avançant gravement vers lui sur deux files et la croix haute. Les premiers, vêtus de blanc, portent tête rase. Leurs mains chargées de cendres les répandent autour du cercueil et se replacent en sautoir sur la poitrine. Ils poussent de longs soupirs. Jacominor reconnaît les enfants de Rancé et se croit condamné à faire, au milieu d'eux, une diète éternelle. Il tressaille à cette horrible pensée, et le mouvement péristaltique de ses laborieuses entrailles s'arrête de stupeur. Mais qui pourra dire sa rage et son épouvante. lorsque, à la suite de ces ennemis déclarés de la gastronomie, il voit arriver, d'un air plus décidé, une compagnie d'hommes noirs, dépourvus de rabat, portant férules et disciplines, le chef couvert d'un bonnet quadrangulaire que rend hideux sa forme ultra-montaine? Ah! ce sont eux, son cœur l'en assure ; ce sont bien là les grenadiers du pape, les dragons de Loyola; en un mot, l'épouvantable garnison de St.-Acheul et de Fribourg. Ils lèvent leurs armes en cadence, le regardent d'un œil sévère, et lui crient, en faux bourdon: *convertere*! Pour surcroit de terreur, un monstre inconnu, à la barbe épaisse et bouillonante, coiffé d'un *éteignoir*, les flancs ceints d'une corde grossière, les pieds nus et chaussés du cothurne de la pénitence, la main armée du goupillon des exorcistes, s'élance et d'un bond se pose sur le thorax pétrifié du misérable Jacominor.

A ce coup inattendu l'infortuné succombe. Sa face

transsude le givre. Ses yeux immobiles sont ouverts et ne voyent rien. Sa langue tuméfiée, aride et tendue. fait saillie au delà des lèvres. Il voudrait parler ; il glousse. Il se travaille, se démène, comme un possédé, pour se débarrasser de la statue de plomb qui l'opprime et le suffoque : Vains efforts ! le monstre impitoyable toujours gravite, et toujours psalmodie, et toujours nasille, et toujours goupillonne. Jacominor est expirant. Il croit entendre un *requiem* définitif, quand tout à coup l'excès du mal devient le plus puissant remède. L'insurrection intestinale des prisonniers de guerre et de table est à son comble ; ils veulent tous la liberté. Tokai pousse Xérès qui pousse Porto qui pousse Champagne qui pousse le Rhum qui pousse le Rak qui pousse Madame Amphoux qui pousse Lafitte qui pousse la foule et se précipite en haut. La victoire est aux vins. Le volcan bachique ouvre et dilate son cratère au bruit roulant d'un tonnerre nouveau. L'éruption se manifeste. Un torrent de lave périgourdine jaillit et monte et tombe enveloppé de flammes alcoholiques et de tourbillons de fumée.

Gilotin, le saint simoniaque, qui ne dort jamais que d'un œil et d'une oreille, accourt en chemise, prend du vin pour du sang, s'épouvante et s'écrie : « noble

« seigneur, qu'avez-vous donc ? — Mon ami, je crois au diable. Dis-moi, chez saint Simon fait-on de l'eau bénite ? — Eh, Monsieur ! c'est du thé qu'il vous faut. Mais quels sont ces papiers que votre oreiller a sauvés du déluge ? se peut-il ? je me signerais si je n'étais saint simonien. Sous votre tête la Quotidienne et la Gazette du Midi !!! — Que dis-tu Gilotin ? mais c'est le Courrier et Figaro mon favori qui devraient se trouver là. N'importe voilà qui m'explique de reste mes angoisses et mes tortures ; c'est un vrai sortilège, et il ne fallait pas moins que ces deux endiablées sorcières pour m'empêcher, la première fois de ma vie, de cuver du vin et de digérer des truffes. C'est une malice du facteur ; il me la payera et je le ferai destituer, après incarcération préalable, pour cette conspiration carliste. — Mais, cher patron, vous parlez beaucoup trop. Je crains pour vous les crampes d'estomac. Il vous faut du thé à foison, du silence et de la diète. — Qu'appelles-tu, maraud, de la diète ? Je suis romain ! qu'on serve à déjeuner.

LIVRE DEUXIÈME.

> A-t-on vu l'aigle au vol rapide,
> Quitter le vaste champ de l'air
> Pour raser d'une aile timide,
> Les bords arides de la mer ?
> Non ; plus hardi dans sa carrière,
> Jusqu'au séjour de la lumière
> Il perce d'un vol assuré,
> Et là, devenu plus tranquille,
> Il soutient, d'un œil immobile,
> Les feux dont il est entouré.
>
> (BERNIS, *les poètes lyr. Ode.*)

> Élance-toi sur ton aile brûlante,
> Fils de l'éther, et reconquiers les cieux.
> Laisse au mortel, sa marche vacillante
> Et son penser pernicieux :
> Qu'il se traîne, en pleurant, sur l'aride poussière,
> Vil *caput mortuum* de ses tristes ayeux ;
> Mais toi, toi qui pris l'être au cœur de la lumière,
> Saches y remonter d'un vol prodigieux !
>
> Que rien n'arrête ton audace :
> Qu'un sillon d'or marque la trace
> De ta sublime ascension !
> ....
>
> (L'AUTEUR, *porte-feuille.*)

L'ATHÉISME.

DITHYRAMBE.

LIVRE DEUXIÈME.

L'ATHÉISME.

DITHYRAMBE.

> *Dios sobre todo.*
> Avant tout, Dieu.
> *Prov. Esp.*

Que vois-je ? quel monstre effroyable
S'élance du fond des enfers ?
Le cri de sa voix formidable
A fait au loin gémir les airs.
Sur son front je vois l'anathême ;
Sa bouche vomit le blasphême
Et son regard audacieux ,

Bravant l'éclat de la lumière,
De l'éther franchit la barrière,
Insulte et contriste les cieux.

D'une main au crime exercée
Il sape, il ébranle l'autel.
Déjà sa farouche pensée
Rêve la mort de l'immortel.
Plus vain que ces fils de la terre
Qui, pour s'emparer du tonnerre,
Avaient entassé mont sur mont,
Il veut, dans l'ardeur qui l'entraine,
Mesurant sa force à sa haine,
Ravir à Dieu jusqu'à son nom.

Tantôt, hardi dans son délire,
L'athéisme espoir des pervers
Ose s'armer de la satire
Et montrer ses traits découverts;
Et tantôt, flexible Protée,
Il prend une forme empruntée

Des traits mêmes de la raison ;
Et sait couvrir de fleurs trompeuses
Les semences trop dangereuses
Qui décèlerait le poison.

Ainsi l'on vit jadis à Rome,
Sacrilége dans ses loisirs,
Lucrèce offrir ensemble à l'homme
Et le néant et les plaisirs.
Il cède au démon qui l'oppresse :
Sa voix, perfide enchanteresse,
A proclamé la guerre aux Dieux.
Espère-t-il briser l'idole
Et renverser le capitole
Par des accents mélodieux ?

Vaine fureur ! rage inutile !
Jupiter rit de tes accents,
Et le Capitole immobile
Brûle toujours le même encens.
Croyais-tu, chantre téméraire,

Imposer silence à la terre
Et ravir aux Dieux leurs carreaux ?
Non : mais ta jalouse arrogance ,
En combattant leur existence.
Voulait écraser des rivaux.

Pour vivre au temple de mémoire
Il fallait en chasser les Dieux
Et fonder l'autel de ta gloire
Sur les débris religieux.
L'éclat orgueilleux de ta lyre
Ne pouvait accorder l'empire
Au luth immortel d'Apollon ;
Et ton inconcevable audace
Devait , pour régner à sa place ,
L'exiler du sacré vallon.

Mais pourquoi , censeur trop sévère ,
Remuer la cendre des morts ?
Ne puis-je épancher ma colère
Sur nos modernes esprits forts ?

Ces philosophes sans sagesse,
Dont la force n'est que faiblesse,
La science que vanité;
Ces hommes dont l'esprit sublime
De la vertu nous fait un crime,
Du crime une fatalité!

Ah! du moins l'Epicure antique,
Par la honte plus combattu,
Se couvrait d'un voile pudique
Aux yeux craintifs de la vertu :
Mais vous, monstres sans retenue,
Vous exposez votre âme nue
Aux regards troublés des mortels;
Vous faisant un hideux mérite
De jeter le masque hypocrite
Pour paraître plus criminels!

Votre cynique turpitude
S'énorgueillit de ses affronts;

Le remord et l'inquiétude
Jamais ne courbèrent vos fronts.
Levez plus haut ce front superbe ;
De la boue et quelques brins d'herbe
Vont le cacher à nos regards :
Voici la mort ; sa main est prête ;
Dieu commande et contre ta tête ,
Impie , elle brandit ses dards.

Que dis-je ? quelle est ma démence ?
La mort , qui trouble l'homme saint ,
Perd ses droits devant l'impudence
Du fier athée au cœur d'airain.
Tel qu'on vit quelquefois le crime ,
De Thémis honteuse victime ,
Rire du gibet apprêté ,
Tel , hébété dans son délire ,
L'athée , au moment qu'il expire ,
Ose affronter l'éternité ! [1]

Qui les a vus ces jours de gloire

Qu'il avait promis aux mortels ?
Où sont les fruits de sa victoire
Sur les trônes et les autels ?
O France ! ô ma chère patrie !
O France, encor toute meurtrie
Des coups de ce monstre en fureur !
Agite ta chaîne sanglante ;
Elève la hache fumante
Qu'il mit aux mains de la Terreur.

Fais-nous voir ces villes pompeuses,
Jadis ton lustre et ton orgueil,
Sous leurs ruines trop fameuses
Gisantes comme en un cercueil.
Lyon conduis-nous dans ces plaines
Où des cohortes inhumaines
Foudroyaient tes nobles enfants ;
Et toi Nantes, cité fatale !
Montre-nous l'onde sépulcrale
Où s'unissaient tes habitants !

Paris !... ah ! détournons la vue

De ce théâtre criminel ;

La foudre a déchiré la nue ,

J'entends le dernier cri d'Abel !

Partout la faiblesse et la rage ,

Partout la honte et le carnage ,

Partout le crime respecté ;

Partout un dégoûtant cynisme :

Voilà les biens que l'athéisme

Prodigue au monde épouvanté !

NOTE.

NOTE.

[1] En lisant cette strophe, tous les lecteurs se rappelleront involontairement un homme devenu trop fameux. Nous allions nous-même compléter ce rapprochement par quelques considérations sur Lacenaire, cet athée d'une logique si effrayante. Nous préférons reproduire un article remarquable qui se trouve dans le journal *la France*, du 22 novembre; article qu'on aurait vu sans étonnement souscrit du nom de La Mennais, et qui est l'œuvre d'un littérateur tellement modeste[1], qu'il force même ma vive amitié à taire son nom. Je lui obéis; mais je suis certain de bien mériter de tous mes lecteurs en donnant ici ce beau morceau dans son entier.

(1) Je dirai seulement que cet homme de lettres du premier ordre est membre de l'Académie de Marseille et mainteneur des Jeux-Floraux où il a été couronné cinq fois.

« Dans la confusion des esprits et le désordre des mœurs qui pèse sur certaines époques, on voit apparaître par invervalles des hommes révélateurs, qui surgissent comme des types monstrueux du sein de la dégradation publique. Isolés par le vice et par le crime, devenus étrangers aux affections de la famille et aux liens de la société, ils se lèvent de toute leur hauteur pour que la science gouvernementale puisse étudier sur eux les progrès et l'intensité du mal commun. De leurs lèvres fétides ils laissent tomber des paroles dont eux-mêmes ignorent toute l'étendue. Leur indomptable logique, l'inflexible rectitude de leur esprit perverti servent à mieux faire reconnaître à tous les yeux les mauvais principes. Malheur alors au pouvoir et au peuple qui ne profitent pas à cette école.

Lacenaire et Fieschi viennent de se poser devant la France pour nous donner de terribles enseignements. La société tout entière a tressailli à l'aspect de ces hideux vantards de crimes. Dans ces deux hommes on a reconnu avec effroi les forces de l'intelligence mises au service d'une atroce cupidité. Ces assassins ne tuent pas, poussés par d'aveugles passions; ce ne sont ni des cœurs ardents, ni des fanatiques cruels; ils ne tuent pas pour tuer : ce ne sont pas de brutales exceptions jetées hors des voies communes par des circonstances particulières ou par une organisation funeste. Ils tuent pour de l'or: ils tuent par convoitise du luxe et des agréments de la vie. L'assassinat est pour eux une spéculation qui se prépare avec sang-froid, qui s'exécute sans remords, et dont le meurtrier doit seulement tâcher d'éviter les suites devant une cour d'assises. Voilà tout.

Et je ne sais quelle célébrité d'hommes d'esprit et de caractère les suit jusqu'à l'échafaud. On trouve pour eux de certaines formules de langage qui arrivent presque à l'éloge. Blasé sur tout, ennuyé, fatigué, on court dans les feuilles publiques à la recherche de quelques lignes nouvelles où figurent ces deux noms. Loin de se détourner d'une telle vue, quand le devoir ne force pas à méditer gravement sur ces horreurs, on réserve une curiosité qui n'est pas sans quelque complicité abjecte pour ces crimes d'une physionomie si étrange. La publicité des débats n'est plus seulement une garantie pour l'accusé et un hommage à la justice, c'est un spectacle où se précipite une multitude avide qui demande honteusement à s'émouvoir. Devant ces assassins, devant les magistrats et les jurés armés du droit le plus redoutable, devant ces vêtements sanglants, ces outils du crime, ces témoignages de la mort, l'auditoire rit, tressaille, frissonne, s'impatiente comme dans un théâtre. Et l'on sort de là charmé d'avoir quelque chose à raconter le soir dans un salon. On est presque fier de dire : J'y étais! On se vantera d'avoir vu Fieschi et Lacenaire, comme on pourrait le faire d'avoir parlé à Napoléon, ou entendu Cuvier ou Châteaubriand. Et voilà ce qui fait l'attitude de l'accusé presque triomphante : il a un public ; il vise à l'effet ; il colore son geste et sa parole comme un acteur, comme un orateur puissant, comme le génie de Talma ou de Mirabeau. Savez-vous que cela est bien horrible ?

Ces récits se répandent dans les classes populaires. Une intempérante curiosité s'enivre de leur poison. La sottise les commente, les esprits romanesques s'y attachent ; peu s'en faut même qu'on ne vienne à désirer quelque chose de plus fort, de plus inouï encore.

Comme nous l'avons dit, il y a là de graves enseignements à retirer. Il s'agit d'assainir la voie publique. Déblayez donc le champ social de toutes vos institutions factices, ô vous qui prétendez avoir la terrible mission du pouvoir. Hâtez-vous, il y a urgence. Savez-vous ce qu'attend la France et l'Europe entière ? un homme de conviction, un prophète de la conscience. Les majorités lui seront bientôt acquises.

Les interprètes de l'opinion ont aussi leur austère devoir à remplir. Il ne faut pas se le dissimuler, la littérature actuelle fait circuler de toutes parts les germes des plus fatales passions. A un petit nombre d'exceptions près, les ouvrages de notre époque, qui s'adressent à l'imagination, sont écrits sans aucun but d'utilité publique, sans aucune vue morale et civilisatrice. Le doute, le scepticisme, les scènes dégoûtantes de l'orgie et de la débauche, l'esprit railleur sur tout, à propos de tout; la lâcheté, la cupidité, voilà ses caractères. Le romancier, le dramaturge, le poète, ne se demandent point, en prenant la plume, si leur ouvrage sera utile, ou au moins ne sera pas dangereux. Ils se proposent avant tout de produire de l'effet. L'argent, la réputation, voilà ce qu'ils veulent. L'homme d'esprit paraît supérieur à l'homme de vertu. Réussir est le grand point. On réussit, en effet, mais à quel prix et pour combien de temps, et auprès de qui? Le génie et le goût s'éteignent où le sens moral n'existe pas. Les antiques gloires de la France se sont voilées de pudeur devant la gloire littéraire de notre époque.

Toutefois, quel que soit le degré du mal, il y a dans les consciences, surtout dans celles du peuple, des points lumineux qui se ranimeront, dès qu'une haute impulsion aura fait naître un mouvement salutaire. Réformez-vous, faibles et forts, petits et grands! Je le dis même à ceux qui ne rêvent que de paisibles jouissances. Ces hommes de quiétude et de loisir, qu'ils regardent un moment la liste sanglante des suicides, cette liste que le malaise, fruit de nos institutions vicieuses, fait plus longue d'année en année ; qu'arriverait-il si le grand nombre de ceux qui quittent ainsi résolument la vie, prenaient la détermination de courir du moins quelques chances de fortune, et si, comme Lacenaire, ils voulaient se suicider par l'échafaud ?

Allier la liberté avec l'ordre, la morale avec la discussion, le progrès avec la foi, l'amour avec une sévère justice, telle est l'énigme, tel est le problème. Quiconque ne pourra le résoudre, le Sphynx le dévorara.

CANTATE.

1814.

La pièce suivante, ainsi que celle qui la précède, a eu l'honneur d'être présentée à S. M. Louis XVIII qui voulut bien en agréer l'hommage, et faire remercier l'auteur.

LA FRANCE SAUVÉE
A LOUIS LE DÉSIRÉ.

CANTATE.

> Date manibus lilia plenis.
> *(Cant. des cant.)*

Sous Le sceptre sacré des fils de Saint Louis,

Mes enfants heureux et soumis,

Des peuples et des rois avaient conquis l'estime :

Partout arbitres de la paix,

Avec orgueil ils se nommaient français,

Lorsque soudain et l'erreur, et le crime

Soufflent de toutes parts un funeste poison,

Foulent aux pieds l'honneur, affrontent la raison,

Et font du nom français leur première victime.

CHOEUR.

O jours de deuil et de détresse!

Jours de honte et de lâcheté,

Où le crime était la noblesse

Et la valeur, la cruauté!

Bientôt une rage effrénée

S'empare de tous les esprits ;

La vertu tombe abandonnée

Sous le poids cruel du mépris.

Une cohorte sanguinaire

Abat le sceptre tutélaire,

Et s'environne de débris.

La mort, effrayante

Sous des traits nouveaux,
De chair palpitante
Comble les tombeaux ;
Mégère, fumante
Du sang des français,
Frémit, s'épouvante
De leurs noirs excès.

CHOEUR.

O jours de deuil et de détresse !
Jours de honte et de lâcheté
Où le crime était la noblesse,
Et la valeur, la cruauté !

Au sein hideux du gouffre immonde
Que la terreur sous mes pieds a creusé,
Naît un soldat, fléau du monde,
Opprobre d'un siècle abusé.
Son œil hagard, son front livide
Trahissent le fiel de son cœur,

Et les rauques éclats de sa voix parricide
Proclament l'héritier de l'infâme terreur.

    Tout-à-coup sa main forcenée
    Entraîne le père et l'enfant,
Repousse sans pitié la mère infortunée
    Qui, maudissant la destinée,
Sanglotte sur les pas du soldat triomphant.

Alors, n'écoutant plus qu'une aveugle démence,
Imprudent contempteur des traités et des lois,
Il prodigue l'insulte à l'Europe, à ses Rois,
Et, sur moi, ne craint pas d'appeler leur vengeance.
    Il voudrait, d'une chaîne immense,
    Ceindre et charger tout l'univers,
    Pour faire expirer dans ses fers,
Des peuples éperdus la dernière espérance.

    Mais déjà la voix des alarmes
    Ebranle la voute des cieux ;
    Déjà l'Ibère audacieux,

Avec fureur, sécrie aux armes !

Du Tage aux bords de la Néva
Retentit ce cri redoutable ;
J'entends le Houra formidable
Des fiers vainqueurs de Pultawa.

Les nations coalisées,
Relevant un front abattu,
Retrouvent enfin leur vertu
Parmi leurs armes méprisées.

Sous d'innombrables bataillons
Au loin tremble et frémit la terre,
Et, bruyants comme le tonnerre,
Bondissent leurs mille escadrons.

O France, hélas ! abandonnée
Quel Dieu te sauvera des peuples irrités ?
Où sont tous ces guerriers dont les bras indomptés,
Incessamment luttant contre la destinée,
Lassaient les vains efforts de l'Europe étonnée ?

« Varus ! Varus ! où sont mes légions ?... »

Du fond des sombres régions
Que protège d'Odin le glaive impérissable,
Répondant aux cris superflus
Que pousse ma voix lamentable,
Un long gémissement dit : « elles ne sont plus ! »

Eh quoi ! faut-il qu'ainsi périsse
Le peuple antique de Clovis ?
Faut-il qu'ainsi l'étranger engloutisse
La noble terre de Louis ?
Non, non ! déjà Louis lui-même
Accourt, l'olive et le lis à la main ;
Déjà de mon sauveur et de mon souverain,
Le monde a salué l'immortel diadème.

CHOEUR.

Français, chantons ce monarque chéri ;
Chantons ce roi père, et fils de la France ;
Ses veines ont le sang d'Henri,

Et son cœur en a la clémence.

Jurons d'obéir à sa loi,

De l'honorer, de le défendre ;

Et qu'un seul cri se fasse entendre :

« VIVE LE ROI ! »

O Louis, que le ciel propice

Vient enfin de rendre à mes vœux !

Daigne sa bonté protectrice

Conserver tes jours précieux !

Fière et digne de ta tutelle,

Je saurai, désormais fidèle,

Te faire oublier tes malheurs,

Et de ton âme paternelle,

A force d'amour et de zèle,

Appaiser toutes les douleurs.

CHOEUR.

Français, chantons ce monarque chéri ;

Chantons ce roi père, et fils de la France ;

Ses veines ont le sang d'Henri,

Et son cœur en a la clémence.

Jurons d'obéir à sa loi,

De l'honorer, de le défendre;

Et qu'un seul cri se fasse entendre :

« VIVE LE ROI !!! »

ODE.

1840.

Je jette un jour les yeux sur un journal de la capitale ; j'y vois qu'une jeune actrice, jusqu'alors inconnue, s'est emparée de la scène tragique par l'ascendant d'un talent irrésistible ; qu'elle la restaure, qu'elle l'épure, qu'elle opère, au pied de la lettre, le prodige inattendu de la résurrection de Corneille et Racine. La reconnaissance enflamme ma tête et monte ma lyre ; je chante rapidement les strophes suivantes ; je les adresse, accompagnées d'une lettre analogue. J'ignore encore si mon Ode a eu l'avantage d'être reçue.

ODE

A Mlle RACHEL

de la Comédie française.

> Limpia, fija y da esplendor.
> (Acad. Espag.)
> Elle épure, elle fixe, et jette un vif éclat.
> (*Trad. de l'Auteur.*)
> Les antiques gloires de la France se sont voilées de pudeur devant la gloire littéraire de notre époque.
> (D** M***)

Jeune et pudique Melpomène

Que suscita quelque Dieu protecteur

Pour restaurer la déplorable scène
Et briser la massue obscène
Du faux génie usurpateur ;
Surgis de toute ta hauteur,
Abats des têtes renaissantes,
Etouffe, dans tes mains puissantes,
L'hydre de l'ignoble fureur.

Poursuis la brillante carrière
Que vient d'ouvrir ton précoce talent.
Rappelle enfin à sa gloire première,
Et redore de ta lumière
L'autel de Racine branlant.
Raffermis le temple croulant
Que s'éleva le grand Corneille,
Et que ton exemple réveille
Du vrai beau le goût vacillant.

Ne crains pas les clameurs futiles
Qu'exhaleront de mornes écrivains.
Les bas accents des modernes Zoïles,

Et leurs sarcasmes imbéciles,
Et leurs plats sanglots seront vains.
La France frappera des mains
A tes succès, à tes victoires.
En relevant nos vieilles gloires
Vole à des triomphes certains.

Combien j'admire la colombe
S'affranchissant de sa timidité !
Rapide, ainsi que la terrible bombe,
Où l'aigle altier qui du ciel tombe,
Elle fond d'un vol irrité :
frappant avec sévérité,
D'une aile agile et vengeresse,
L'oiseau que la nuit, la paresse
Comme symbole ont adopté.

A cet exemple magnanime
Les habitants des vergers d'alentour
Accourent tous d'un élan unanime :

Chacun de plus en plus s'anime

A huer l'ennemi du jour.

Chacun le sifflant à son tour,

On le béquette, on le harcèle;

Alors, honteux et traînant l'aile,

Il regagne son noir séjour.

Ainsi tout ce qui reste encore

De vrais amis de la gloire des arts,

Tout écrivain qui s'estime et s'honore,

Bénissant ta brillante aurore,

Accourra sous tes étendarts.

Alors crouleront les remparts

De ces forteresses frivoles

Où les enfants de nos écoles

Du faux goût se font les Bayards.

Alors, réclamés par les ombres,

Les spectres vils, toujours ivres de sang,

Se cacheront sous de tristes décombres;

Et là, parmi les larves sombres,

Coucheront leur boue et leur rang.

Alors, dans un ignoble flanc,

N'entrera plus un ongle atroce ;

Et la scène abjecte et féroce

Reprendra son ton noble et franc.

Enfin la France consolée

Ne verra plus la triviale horreur,

Foulant aux pieds l'urne et le mausolée,

Usurper la gloire exilée

Du sublime et de la terreur.

La vérité vaincra l'erreur ;

Et la sanglante bacchanale

Ira, sous la voûte infernale,

Exhaler sa sale fureur.

Et tous ces biens, et tant de gloire

Seront le prix des labeurs d'un enfant ;

Et nous verrons la plus noble victoire,

Rachel, au temple de mémoire

S'unir à ton nom triomphant.

Et ce souffle impur, étouffant

Qui désolait l'auguste scène,

Au souffle d'or de ton haleine

Perdra son venin malfaisant.

Et, dans leur dernière demeure,

Le grand Lekain, le sublime Talma

De tout leur cœur béniront l'heure

Où ton âme supérieure,

Bravant le mal le comprima :

Où ta douce main désarma

La muse avilie et brutale

Qui dégradant la capitale,

En bourg Welche la transforma.

Il était temps qu'une ame forte,

Déracinant d'idiots préjugés,

Fermant sur eux une éternelle porte,

Repoussât l'absurde cohorte
Des dramaturges insurgés.
Par ta main pure dégagés
De leurs dégoutantes tuniques,
Désormais les mânes tragiques
Ne se verront plus outragés.

Mais, quel resplendissant cortège
Descend des cieux et plane sur ton front ?
Reconnaissant le Dieu qui te protège,
La horde impure et sacrilége,
Honteuse, s'ébranle et se rompt.
Fuyant un jour qu'elle corrompt,
Soudain cette troupe barbare
Va cacher, dans la nuit avare,
Et son dépit, et son affront.

Cependant Corneille, Racine, [1]
Le grand Voltaire et le fier Crébillon,

---

(1) Ces deux noms, comme celui de Turène, peuvent se passer d'épithète.

Au tour du front de la noble héroïne,
De leur auréole divine,
Tracent un glorieux sillon;
Et dissipant le tourbillon
De la haine jalouse et noire,
Lui font, de leur quadruple gloire,
Un tutélaire pavillon.

LA CRÉATION.

(Selon le texte de la Genèse.)

LA CRÉATION.

ARGUMENT.

> In principio creavit Deus.....
> *(Gen. cap. 1.)*

C'était l'éternité... mais le temps allait naître.

 C'était lors du commencement,
 Quand la voix du souverain maître
 Fit son premier commandement.
 Aux éclats de ce saint tonnerre
 Dieu créa le ciel et la terre
 D'une parole seulement.

CHAOS.

> Tenebræ erant super faciem abyssi
> *(Ib.)*

Et le chaos régnait ; et son essence abjecte
Gravitait, au hasard, dans une lourde nuit ;

Et l'atome impuissant, sous sa forme incorrecte,
 N'était ni lumière, ni bruit.

Substance inexplicable, à tout mode étrangère;
Précédent effectif de ce qui n'était pas;
Rudiment indécis d'une vie éphémère,
 Le chaos couvait le trépas.

En lui vivait la mort avant qu'il ne fût l'être.
Il en avait l'horreur et l'immobilité :
Et c'était le chaos qui devait lui transmettre
 Son effrayante obscurité.

Il régnait le chaos ; mais sa masse inutile
Dans un gouffre sans fond étayait le néant
Et, sur l'éternité, gisait froide, immobile
 Comme un cadavre de géant.

Il était, et pourtant il voilait l'existence.
Avare, il retenait, dans son opacité,
Des futurs contingents l'ineffable substance,
 Les secrets de l'éternité.

Et la terre était vague et pleine de ténèbres :
C'était comme le vide et le noir des tombeaux
Après l'extinction des lumières funèbres...
    L'esprit reposait sur les eaux.

Premier Jour.

> Fiet lux et facta est lux !
> *(Ib.)*

Cet esprit, c'était Dieu ; c'était sa force sainte,
Son amour producteur, son sublime pouvoir
A qui, pour tout créer sans effort ni contrainte,
    Il suffit de vouloir.

Il veut... il dit, pour lancer la lumière :
« Que la lumière soit ! » et la lumière fut...
Inondé de clartés dans sa sombre glacière,
    Le chaos frémit et se tut.

Dieu, qui vit la substance pure,
Bouillonnant à grands flots dans les espaces vains,
A sa puissante voix commencer la nature,
    Loua l'ouvrage de ses mains :

« Ces clartés sont bonnes et belles, »
Dit le seigneur. « Des ombres éternelles
    Je les divise avec amour. »
    Dieu leur donna le nom de *jour*;
    Et leur naissance fortunée
Marqua du premier temps la première journée.

Et cet aîné des jours, fils du divin vouloir,
    Se composa de matin et de soir.
    A son éclat l'ombre indignée
    Vers le chaos rétrograde et s'enfuit :
    Dieu lui donna le nom de *nuit*.

Deuxième Jour.

Dixit quoque Deus fiat firmamentum.
(Ib.)

Laissant un libre essor à sa toute puissance,
    Adonaï veut que le firmament
Au sein des eaux prenne naissance ;
Et les ondes soudain suivent le mouvement
    Qu'exige leur obéissance.

Des flots amoncelés, gravitant vers un fond,
Laissent le firmament planer sur leur surface ;
D'autres flots, s'élançant de l'abyme profond,
Vont au-dessus chercher leur place.

C'est ainsi qu'il fut fait : c'est ainsi que les eaux,
Se divisant, s'élèvent dans l'espace
Et creusent ici bas leurs humides tombeaux.

Dieu, satisfait de son ouvrage,
Au firmament donna le nom de ciel.
Ce fut le second jour et le second hommage
De la nature à l'éternel.

Troisième Jour.

> Congregentur aquæ.....
> Apareat arida.....
> Germinet terra herbam virentem....
> *(Ib.)*

Alors la voix de Dieu
Dit : « Qu'un vaste lit s'ouvre ;
« Que les eaux que le ciel recouvre

« S'assemblent dans un même lieu ;

« Que la terre vide apparaisse. »

A la voix du très-haut la nature s'empresse.

L'onde obéit, la terre se fait voir.

Dieu lui donna le nom d'*aride* ;

Celui de mer au vaste réservoir

Où tourbillonne et gronde un élément perfide..

Le matin fut suivi du soir

Et Dieu vit que cette œuvre était bonne et valide.

Aussitôt l'immortelle voix

Promulgue de nouvelles lois.

Elle prescrit à la terre déserte

De produire de l'herbe verte

Portant un germe dans son sein ;

Et poursuivant son sublime dessein,

Dieu dit aussi : « que de la terre

« Une forêt fructifère

« Sorte et croisse à ma volonté ;

« Où chaque arbre, en sa richesse,

« Porte fruit, selon son espèce,

« Et germe à perpétuité. »

La terre obéit et se couvre

D'herbages vigoureux et verts.

Dans la forêt le bouton s'ouvre ;

Les arbres de fruits sont couverts.

Dieu contemplant son ouvrage,

Le trouve digne de lui.

La clarté disparaît ; l'ombre prend l'avantage :

Le troisième jour avait lui.

Quatrième Jour.

Fiant luminaria in firmamento cœli.
(Ib.)

Dans l'espace infini la voix toute puissante

Projette, de nouveau, ses accents créateurs.

Et dit : « qu'au firmament, prodiguant les splendeurs,

« Des astres préconçus la lumière incessante

« Divise le jour de la nuit.

« Que le temps par eux soit produit ;
« Qu'ils soient en signe et marquent les journnées ;
« Que leur pas cadencé mesure les années :
« Qu'ils scintillent au front du ciel ,
« Et qu'ils répandent sur la terre
« Les clartés que leur globe enserre. »

Tout obéit à l'organe éternel.
Et Dieu créa deux vastes luminaires
Qui, dans leurs courses circulaires ,
L'un plus grand préside au jour ;
L'autre , d'un moindre contour ,
Verse à la nuit ses clartés solitaires.

Alors parut aussi , sur la voûte des cieux ,
Cet ordre innombrable d'étoiles
Dont les magnifiques feux ,
De la nuit pénétrant les voiles ,
Aumônent à la terre un reflet gracieux.

Dieu voulut que leur lumière ,

Se répendant sur cette terre,
Fût utile à la nuit, au jour;
Et qu'elle atténuât les ombres,
En divisant leurs vagues sombres
Sur le mystérieux séjour.

Or, Dieu vit que ce vaste ouvrage,
Remplissant son sage dessein,
Au pouvoir infini rendait un digne hommage.
Et le soir suivant le matin,
Selon la marche ordonnée,
Ainsi se termina la quatrième journée.

Cinquième Jour.

Producant aquæ reptile animæ viventis et volatile.
(Ib.)

La clarté de nouveau vient dissiper la nuit :
La nature ébranlée écoute un nouveau bruit.
Soudain la parole puissante
Commande à l'onde mugissante

D'enfanter des animaux
Enrichis d'une âme vivante ;
Et, pour la terre, des oiseaux
Dont l'aile retentissante
Fendra l'air sous le ciel et rasera les eaux.

C'est alors que surgit le géant cétacée :
Le monstrueux Léviathan
Pèse sur l'onde courroucée
Qu'ainsi qu'une flèche lancée
Divise l'écailleux caïman.

Chaque poisson, dans son espèce,
Se meut sous le flot qui le presse ;
Et les oiseaux, nouveaux-nés de la mer,
Agitant une aile rapide,
Vont sécher leur duvet humide
Au sein des clartés et de l'air.

Dieu s'applaudit de son ouvrage.

Il bénit ces êtres nouveaux.

« Allez, croissez. » leur dit-il ; « d'âge en âge

« Multipliez et remplissez les eaux.

« Vous, habitants de l'air, augmentez vos lignées ;

« Je leur ai préparé des couches fortunées :

« A la terre, aux forêts confiez vos berceaux. »

Et la nature embellie

Admira du seigneur la parole accomplie.

Le matin et le soir avaient eu leur retour :

Ce jour fut le cinquième jour,

Sixième Jour.

Producat terra animam viventem in genere suo.....
Faciamus hominem ad imaginem et similitudinem nostram.
(Ib.)

L'éternel dit encor à la terre attentive :

« Fais sortir de ton sein l'espèce sensitive

« Des quadrupèdes divers.

« Les animaux domestiques,

« Les coursiers belliqueux et les bœufs pacifiques

« Et les reptiles et les vers ;

« Et les hôtes des bois et les bêtes sauvages ;

« Les lions aux nobles courages,

« L'hyène aux appétits pervers ;

« Et les troupeaux bêlants, amis des pâturages

« Et des arbrisseaux toujours verts

Et de l'ombre des frais bocages. »

Or, le vouloir de Dieu soudain est accompli :
Le sang du quadrupède a déjà tressailli.

De tous côtés les animaux utiles,

Les bêtes fauves, les reptiles

S'animent aux accents de l'immortelle voix.
Ainsi que l'a voulu l'éternelle sagesse

Ils sont distincts par leur espèce,

Et vont remplir les monts, les plaines et les bois.

La souveraine puissance

Applaudit sa création ;

Et contemplant leur subite naissance

Voit que l'œuvre est utile et bon.

« Faisons l'homme à notre image, »

Dit alors le Dieu tout puissant.

« Que sur son front rayonne le courage ;

« Que l'univers lui soit obéissant.

« Que tout honore son empire :

« Qu'il commande aux monstres des mers,

« Aux oiseaux qui boivent les airs,

« A tout ce qui se meut, à tout ce qui respire. »

Et Dieu fit l'homme à l'image de Dieu ;

A son exacte ressemblance :

L'homme fut un reflet de sa toute puissance,

Une étincelle de son feu.

Le souverain vouloir les fit mâle et femelle :

Puis, leur parlant avec dilection,

« Multipliez, croissez, race immortelle, »
Leur dit sa voix; « ma bénédiction
« Protégera votre couple fidèle.
« Allez, remplissez l'univers;
« Soumettez-le. Que les monstres des mers,
« Les joyeux habitants des airs
« Et tout ce qui se meut sur la terre et dans l'onde,
« (Etres que pour vous seuls ma puissance féconde)
« En tous lieux subissant vos lois,
« Obéissent à votre voix.
« Enfin, que toute créature,
« Adam, acclame en toi le roi de la nature. »

« Voici que je vous ai donné, »
Ajouta Dieu, « les herbes de la terre;
« Les arbres producteurs d'un Eden fortuné,
« Couvant un germe à jamais ordonné,
Et tout végétal salutaire.

« Je veux qu'ils soient votre aliment

« Et qu'ils servent également
« A nourrir des oiseaux l'espèce vagabonde,
« Et tous les animaux dont j'ai peuplé le monde ;
« Tout être enfin qui, par ma volonté,
« Possède une ame vivante.
« Je veux aussi que leur avidité
« Trouve partout nourriture abondante. »

Or, le vouloir immuable de Dieu
Au même instant s'exécute en tout lieu.

Et, jettant un regard sur son ouvrage immense,
La sagesse éternelle en connut la bonté.
Le soir a, du matin, remplacé la présence.
Le jour sixième a vu tout le globe habité.

Septième Jour.

Complevitque Deus die septimo opus suum.....
Et requievit..... *(Ib.)*

Ainsi l'adorable puissance
De l'architecte éternel,

Terminant la terre et le ciel
Y prodigua l'éclat de sa magnificence.

Et ce fut le septième jour
Que le seigneur accomplit son ouvrage.
L'univers, miracle d'amour,
Au créateur rendant hommage,
Fut devant lui comme un hymne parfait ;
Et de ses saints travaux ce grand Dieu satisfait
Se reposa, bénissant la journée
Où son œuvre fut terminée.

Tel fut de la terre et du ciel
Le commencement ineffable,
Au jour où la force immuable
Evoqua du chaos l'être matériel,
Et constitua la nature ;
Où, sans semence, ni culture ;
Sans le secours ni des bras ; ni de l'eau,
A la seule voix du très-haut,

Les champs furent couverts d'une riche pâture.

Car, en ce temps encor, l'adorable pouvoir

Sur le globe altéré n'avait point fait pleuvoir ;

Et l'homme, aimé de Dieu, marchant dans la droiture,

Récoltait, sans travail, sa douce nourriture.

ÉPILOGUE.

Mais tous ces grands bienfaits, généreux créateur ;

Epuisant les trésors de ta munificence,

Au lieu de la reconnaissance,

Dans l'homme prévaricateur

Bientôt devaient trouver la noire ingratitude.

Il devait préférer l'ignoble servitude,

L'horrible joug de plomb

De l'ennemi de ton saint nom,

A cette liberté des enfants de lumière

Que ta paternelle bonté,

Pour toute l'éternité,

Destinait à sa race entière.

O présage cruel! mortel pressentiment!...
Pourquoi ces bruits dont frémit la nature ?
Pourquoi l'horrible sifflement
De la plus vile créature ?
Pourquoi ces sinistres éclairs,
Ces voix plaintives dans les airs,
Ces gémissements de la terre
Et ces menaces du tonnerre ?...

O homme, maître de ton sort !
Tremble, tremble pour toi-même :
Ces bruits, ces feux sont l'annonce suprême
Du règne fatal de la mort !!!

TRAGÉDIE LYRIQUE.

TRAGÉDIE

Lyrique & Sacrée.

Ce serait ici la place naturelle d'un grand opéra, en cinq actes, écrit à la sollicitation d'un savant et habile compositeur de musique ; mais comme celui-ci n'a pas encore mis la dernière main au travail d'orchestration, cependant très avancé, l'auteur a cru convenable d'ajourner la publication du drame.

LES FRANÇAIS,

CHANT NATIONAL ET POPULAIRE.

La pièce qu'on va lire est le résultat d'une annonce de concours insérée, il y a bien deux ans je pense, dans un numéro de la Gazette Musicale. On y offrait un prix de 500 fr. au poète et au musicien qui l'emporteraient devant un comité de trois juges dont ce journal fesait même connaître les noms. Un compositeur m'engage à écrire quelque chose : je fais les couplets suivants qu'il adresse à qui de droit. Onques plus il n'a été question de ce concours dans la Gazette Musicale, et l'on m'a écrit de Paris que cet objet n'avait jamais été pris au sérieux ; que bien d'autres écrivains avaient, ainsi que moi, fait des frais inutiles.

Il faut avouer qu'en province nous ne concevons rien à ces manières qui, certes, sont bien privativement parisiennes.

LES FRANÇAIS,

CHANT NATIONAL ET POPULAIRE.

Amis, nous sommes tous de France ;

C'est sortir d'assez bon lieu.

Quoiqu'en dise la malveillance

Par-dessus tout nous aimons Dieu,

Mais puis, le fer de notre lance,

Puis les beaux yeux, puis la bombance
Et le vacarme et la puissance,
Le canon, le sabre et l'épieu.
VIVE DIEU ! VIVE DIEU !
Vive l'amour et la vaillance !
Amis, nous sommes tous de France ;
C'est sortir d'assez bon lieu.

Parmi les peuples de la terre
Toujours les premiers en train,
Nous aimons briller, même en chaire,
Et faisons fi du lendemain.
Gentils au bal, forts à la guerre,
La marotte et le cimeterre
Et le broc orné de fougère
Se complaisent dans notre main.
VIVE DIEU ! VIVE DIEU !
Vive l'amour et la vaillance
Amis, nous sommes tous de France ;
C'est sortir d'assez bon lieu.

Ainsi que nous nos bons ancêtres

    Gaîment roulaient chez autrui ;

Seulement ils portaient des guêtres,

Le pantalon vogue aujourd'hui.

Leur main terrible et meurtrière

En avant poussait la rapière ;

Le coupe-choux arme l'arrière

Des pions qui font notre appui.

    VIVE DIEU ! VIVE DIEU !

Vive l'amour et la vaillance !

Amis, nous sommes tous de France ;

    C'est sortir d'assez bon lieu.

Pas moins, quoiqu'on change leurs armes,

    Voltigeurs et grenadiers,

Canonniers, dragons et gendarmes,

Pousse-cailloux et cavaliers

Meurent d'amour pour la victoire ;

Nuit et jour ils rêvent de gloire,

Et prennent patience à boire,

En attendant nouveaux lauriers.

Vive Dieu! vive Dieu!
Vive l'amour et la vaillance!
Amis, nous sommes tous de France;
C'est sortir d'assez bon lieu.

On nous accuse d'inconstance.
L'univers dit qu'en amour
Les céladons de notre France
Vont papillonant nuit et jour;
Mais c'est absurde menterie:
Soutien constant de sa patrie,
Hélas! le français se marie
Chaque fois qu'arrive son tour.
Vive Dieu! vive Dieu!
Vive l'amour et la vaillance!
Amis, nous sommes tous de France;
C'est sortir d'assez bon lieu.

LES LARMES.

ROMANCE.

COMMENT J'AI FAIT UNE ROMANCE EN MA VIE,

et comment je n'en ferais plus jamais.

De charmantes virtuoses marseillaises, à la voix tendre et forte, à l'œil impératif et phlogistiqué, me disent, pendant une pause de soirée musicale: « M. nous « savons que vous faites des vers, il nous faut une ro- « mance de votre façon. Vous êtes lié avec un habile « compositeur qui la mettra en musique. » — Mesdames, dispensez-moi : ce n'est pas mon genre. — « M. nous le voulons. — « Le mot sans réplique était lâché ; il ne restait plus qu'à obéir et j'obéis. Un soir j'apporte ma romance, avec accompagnement de piano, on l'essaie à l'instant même, on veut bien louer la musique; mais, pour les vers, on se récrie en disant: « c'est par trop brûlant; on ne peut chanter cela que seule dans son boudoir, ou tout au plus en tête à tête avec une *amie*. » — Je fus déconcerté. — Mesdames, leur dis-je à mon tour, vous l'avez voulu ; j'avais eu l'honneur de vous prévenir que je ne savais pas traiter la tendresse à froid, surtout sous votre inspiration, et par des ordres sortis de vos petites bouches en cœur; comme aurait parlé Dorat. Heureusement il y a remède à tout. Je connais le système Azaïs : je vais faire une autre pièce pour neutraliser la première, ce sera de la chimie. Peu de jours après cette scène, je leur remets le dithyrambe :*Haine à l'amour*, dont mon compositeur avait fait un grand morceau d'excellente musique; ces dames étaient dix à douze, il n'y eut qu'un cri : « oh l'horreur ! » je fus désolé ; on ne sait comment s'entendre : ou c'est trop chaud, ou c'est trop froid, ou c'est trop bas, ou c'est trop haut; ou c'est trop prompt, ou c'est trop lent ; je fus désolé : je me dis bien c'est ta première et dernière romance. La voici toujours :

LES LARMES.

Romance.

Laisse couler ces larmes enivrantes,

Philtre d'amour pour mon cœur préparé.

Laisse approcher mes lèvres délirantes,

Rends la chaleur à ce cœur expiré.

Quand te verrais-je, ainsi que moi ravie,
M'abandonner ce baume de tes yeux,
Plus bienfaisant que la sainte ambroisie ;
Plus parfumé que le nectar des dieux ?

Oh ! je ne veux, pour toute nourriture,
Que ce doux miel de tristesse et d'amour.
Ecoute enfin la voix de la nature,
Elle te dit : « tendresse veut retour. »
Oui, laisse moi, d'une bouche furtive,
Aspirer l'air qu'humecte ton regard,
Boire tes pleurs ; mon âme fugitive,
Heureuse alors, dira : « mourons plus tard ! »

Mais, gloire à toi, vierge pure et si tendre ?
Torrents d'amour de tes yeux ont jailli.
Mon cœur joyeux n'a plus rien à prétendre ;
Larmes, sanglots, il a tout recueilli !
Je sens tes pleurs sur ce cœur en délire,

Et je renais nourri de tes appas.

Connais enfin ton redoutable empire :

Ton œil contient ma vie et mon trépas.

HAINE A L'AMOUR.

DITHYRAMBE.

HAINE A L'AMOUR.

DITHYRAMBE.

Haine à l'amour tyran de l'existence !
Haine à l'amour torture des bons cœurs !
Haine à l'amour, singe de la constance,
Qui foule aux pieds et vaincus et vainqueurs ;
    Haine à l'amour !

Haine à l'amour fauteur de perfidies !
Haine à l'amour recruteur des enfers !
Haine à l'amour, attiseur d'incendies,
Qui charge un cœur de crimes et de fers ;
    Haine à l'amour !

Haine à l'amour père de la démence !
Haine à l'amour fils maudit de la chair,
Haine à l'amour, Dieu de noire inclémence,
Qui lance un feu sans bruit et sans éclair ;
  Haine à l'amour !

Haine à l'amour horreur de la sagesse !
Haine à l'amour tombeau de la vertu !
Haine à l'amour, bourreau de la jeunesse,
Qui tue en traître et n'a point combattu ;
  Haine à l'amour !

Haine à l'amour venin mortel de l'âme !
Haine à l'amour grêle du chaste honneur !
Haine à l'amour, vrai serpent de la femme,
Qui lui servit le fruit empoisonneur ;
  Haine à l'amour !

LE HUSSARD ROMANTIQUE.

CHANSONNETTE.

LE HUSSARD ROMANTIQUE.

CHANSONNETTE.

> Quadrupedante putrem sonitu quatit ungula campum.
> *(Virg.)*
>
> Procumbit hami bos.
> *(ibid.)*

Sur son roussin de bataille,
Nourri de mauvaise paille,
Le hussard Pékin Jeannot
Dans un bois me charge au trot :
Mais moi, Colette légère,
Je vole sur la fougère ;
Il veut prendre le galop
Et tombe comme un magot.

Cependant il se redresse.
Pour regagner, par vitesse,
Le terrain perdu tantôt ;

Il s'élance et ne dit mot.
Faisant semblant de l'attendre
Je l'allèche d'un œil tendre,
Et le bon hussard Jeannot
Retombe comme un fagot.

Soudain regrimpant sa bête,
Il l'éperonne, la fouette
Et jurant en ostrogoth,
Prend enfin le granp galop.
Vite, comme une hirondelle,
Je le fuis à tire d'aile ;
Il croit m'atteindre et le sot
Barbote comme un turbot.

Divisé de son pégase,
Dans un bourbier plein de vase
Il a l'air d'un escargot
Qui voudrait sauter du pot.
Au tour de lui mes compagnes

Assourdissent les campagnes,
En lui criant : « fier Jeannot
« Ton coursier c'est le sabot. »

A ces mots le pauvre diable
Se trémousse sur son râble
Et se disloque un gigot,
Grimaçant comme un cagot.
Mais l'assistance gentille
Le traitant de vilain drille,
Il pleure, le bon Jeannot,
Comme un enfant au maillot.

LIVRE TROISIÈME [1].

Un vers peut quelquefois dire autant qu'un poème.
(L'aut. *porte-feuille*.)

QUATRAINS, DISTIQUES, ÉPIGRAMMES, INSCRIPTIONS TUMULAIRES.

---

(1) Si ce troisième livre se produit si maigre, si décharné, ce n'est pas la faute de mon porte-feuille ; mais je n'ai pas envie d'être *septembrisé*.

LIVRE TROISIÈME.

QUATRAINS.

POUR UN PORTRAIT.

Vois ces traits d'une mère où se peint la tendresse :
Ils voilent, à tes yeux, un vrai cœur de Bayard ;
Un cœur qui ne connait ni crainte, ni faiblesse,
Fait pour dompter le crime et lasser le hasard.

Autre pour le même objet.

Le ciel ne fit, pour moi, qu'un bonheur éphémère,
Et mes maux, sans mesure, attristent l'univers.
J'ai l'âme d'Henri-Quatre et le cœur d'une mère :
Je mourrais pour la France, et j'y fus dans les fers.

DISTIQUE.

Sur le même sujet.

Un monstre l'acheta d'un monstre qui vendit ;
La honte les expose, et la France applaudit.

ÉPIGRAMMES.

Sur une manière de Tragédie.

Hernani ! Hernani ! merveille des merveilles !
Que dit-on de tes vers visigothts, ostrogothts ? —
— « Qu'ils font grincer les dents et saigner les oreilles
« Quand ils n'usurpent point l'empire des pavots (*). »

Autre sur le même sujet.

Corneille, Racine, Voltaire
Un Attila vous fait la guerre,
Et veut arracher le drapeau

Des mains fidèles de Boileau. —

— « Oh, oh ! quel est cet invincible ?

« Serait-ce un diable irrésistible

« Né dans l'Averne, ou le Congo ? » —

Las ! c'est le diablotin Hugo (*).

Sur un Ange.

Vraiment ! il est déchu ? —

— « Oh ! bien déchu sans doute :

« Il a le pied fourchu

« L'auréole en déroute.

« Jadis un Raphaël!, ce n'est plus qu'une croute (*). »

(*) A Dieu ne plaise que le lecteur puisse penser de ces épigrammes, qu'elles constituent une dénégation du prodigieux talent des auteurs célèbres dont elles ne frappent que quelques ouvrages. Ces épigrammes ne sont que l'expression, la réaction, si l'on veut, des souffrances morales, du vrai dépit que j'ai éprouvés en voyant ces deux génies se précipiter quelquefois du haut de leur gloire : chute d'autant plus terrible que cette gloire était plus élevée.

Que de fois une grosse larme de regrets sympathiques, de condoléance affectueuse est tombée de mes yeux attristés, sur certaines pages de leurs œuvres ! Pourquoi ces beaux esprit veulent-ils arriver ainsi mutilés à l'immortalité, me disais-je ? Pourquoi échanger si tristement les ailes d'or que Dieu leur avait données contre les noires et sèches membranes du funèbre *vespertilio*? Et ces

Sur des constructions modernes et cyclopéennes.

En vain, depuis dix ans, un fin veneur s'efforce
De dresser le parisien.
A l'aide arrive un tiers qui dit : « mais ce n'est rien ;
« Mettons-lui le collier de force. »

ÉPIGRAMME ROMANTIQUE

A un jeune poète gascon et romantique.

—

Oh, que votre lyre est touchante !
Oh, que votre ouvrage m'enchante !

réflexions torturaient ma sensibilité ; car, en ma double qualité de Français et d'ami des bonnes lettres, j'étais fier, heureux de leurs triomphes.

Je m'empresse donc de le déclarer (et nul de ceux qui me connaissent ne doutera de la vérité de mes paroles) loin de vouloir porter la plus légère atteinte à la brillante couronne qui les décore, je n'ai d'autre désir que de les voir cesser de l'effeuiller de leurs propres mains. J'ai même, du mérite de ces illustres écrivains, une idée si grandiose que, pour ce qui me concerne personnellement, je pense à peine leur rendre hommage, en confessant, avec toute la sincérité de mon caractère de vieux soldat, qu'en matière de poésie et d'ouvrages d'esprit, je ne serai jamais digne de délier les courroies de leur cothurne littéraire. Il est, pour moi, une trilogie de talents poétiques, en France, pour laquelle je n'ai qu'un autel : le lecteur nomme déjà, sans doute, Lamartine, Hugo et mon maître Barthélemy. Maintenant interpolez ces noms comme vous le voudrez : il n'y a pas là de premier pour moi. Après eux, bien près d'eux, je classe mon digne ami, l'illustre Reboul de Nîmes : s'il est littérairement moins grand, il est plus étonnant peut-être.

Tout y chante :

L'arbre chante,

Chante la cloche ;

Le coursier chante ,

Chante le coche ;

La brise chante ,

Chante la roche ;

Chante la vague et le remous :

Enfin tout chante...

Excepté vous.

ÉPITAPHES

ET INSCRIPTIONS TUMULAIRES.

Épitaphe de Louis XVI.

Ici repose , en Dieu , le père des français ,
Louis que leur ravit le plus noir des forfaits.

Épitaphe du duc de Berri.

Ci-gît Berri, miroir de la grace divine,
Miracle de grandeur, vase de charité.
Console-toi, Berri ; ce marbre est humecté
Des nobles pleurs d'une héroïne.

Pour une sépulture royale.

Ci-gît, que Dieu lui fasse grace !
Un roi fossoyeur de sa race.

Pour une autre.

Ci-gît, bien loin de ses ayeux,
Un bon roi tombé faute d'yeux.

Inscription pour le tombeau du duc d'Enghien.

Féroces ennemis des lis et de la foi,
Retirez-vous, fuyez !... terrible désolée,
L'ombre du vainqueur de Rocroi
Veille au tour de ce mausolée.

Pour une tombe cosmopolite, archi-despotique et flagornée par des républicains.

Comme soldat, consul, comme empereur et roi
Je pesai sur la terre ; elle pèse sur moi.

Pour la sépulture d'un diplomate.

Ci-gît un mensonge vivant
Qui, même mort, embrouille encor et bouge.
Ci-gît, en mitre et bonnet rouge,
Le bousingot, prince de Bénevent.

ÉPITAPHE

D'un citoyen tellement grand qu'il remplissait deux mondes à la fois, et se remplissait des deux mondes.

Ci-gît un dormeur effrayant,
Ami d'un cheval de trompette ;
On se disait, en les voyant :
Lequel des deux est donc la bête ?

Pour la sépulture de Robespierre.

Ci-gît, nu comme un ver, sans linceul et sans bière,
L'orgueil, le sang, la mort, l'enfer, tout Robespierre.

Pour celle de Louvel.

Ci-gît un monstre, un lâche, un horrible assassin,
Un ennemi de Dieu, Louvel, un Jacobin.

Pour celle de Lacenaire.

Ci-gît et ne repose pas
Qui n'eut de Dieux que l'or, la chair et le trépas.

Pour celle d'une criminelle.

Ci-gît un vampire endormi
Qui tuait de compte-à-demi.

ÉNIGME NÉCROLOGIQUE.

Ci-gît, en bonnet rouge et blouse tricolore,
Qui portait tout en noir *quand il vivait encore.*

QUESTION

DE CRITIQUE TRANSCENDANTE

A l'occasion d'une Notice nécrologique, trouvée dans la sépulture de Nostradamus, à l'époque de sa violation,

en 93.

Peu de gens ignorent, en Provence, que des soldats républicains, disciplinés et moraux comme l'étaient, pendant la terreur, les dépositaires de la force publique, se trouvaient à Salon à cette époque de funeste mémoire. Sans doute ces militaires étaient imbus de la pensée que le tombeau de l'illustre prophète devait recéler quelque trésor, ou des objets précieux ; et comme alors la puissance matérielle était le droit et la loi, ils n'hésitèrent nullement à le démolir. Mais, hélas ! combien leur convoitise fut cruellement déçue ! à la place de l'or, ou des pierreries, ils ne virent que la poudre séculaire, de tristes ossements, et quelques antiques parchemins.

Un personnage très-considérable du pays, alors jeune

adolescent, vénéra les reliques de l'homme célèbre et recueillit, par une curiosité pieuse, les manuscrits dont les violateurs du tombeau ne faisaient aucun cas. Malheureusement le temps, de sa main sans cesse agissante, avait presque tout effacé. Les seules lignes encore déchiffrables contenaient l'épitaphe qu'on va lire, et qui exerce en ce moment la sagacité de plusieurs savants du midi qui en ont pris des copies. Ces hommes érudits ne sont nullement d'accord sur ce document nécrologique : les uns sont d'opinion que l'épitaphe a été composée, par Nostradamus, pour un personnage mort de son temps ; les autres soutiennent, par de savantes disquisitions, et des raisonnements plus ou moins captieux, que cette épitaphe, comme les centuries, est éminemment prophétique, et ne peut s'appliquer qu'à un personnage postérieur aux temps où florissait le prophète, et qui peut-être même n'a pas encore paru sur la terre.

Comme qu'il en soit des deux savantes hypothèses que mon ignorance, en matière aussi ardue, me fait un devoir de respecter sans en épouser aucune, je me borne, quoique penchant naturellement vers la première, à rapporter les vers Nostradamiques tels que je les ai vus sur le vénérable parchemin.

POÉSIES DIVERSES.

ÉPITAPHE

à enquerre.

Si fus li tiers di tout, unquam li tout di rien,
Sauf di Vaultrien.
Triplex gratia di Diex my feyt morir chrestien.
Passant aulmozne, aou paouper tierspassé,
Un tiers di resquiescat in pace (1).

---

(1) Au moment où l'on va mettre sous presse cette feuille, je suis heureux d'être encore à temps d'insérer la présente note, comme on le verra, très importante pour la critique :

Mon estimable ami M. P** P*** de Perpignan, l'un des hommes les plus érudits de nos contrées méridionales, que j'avais consulté sur la difficulté relative au document nécrologique trouvé dans le tombeau de Nostradamus, me répond, dans une lettre que je reçois à l'instant, de manière à ne plus laisser de doute ni d'incertitude pour la solution de cette difficulté : il établit, par les raisonnements les plus lucides et les plus péremptoires, que non-seulement l'épitaphe n'est point prophétique ; mais même qu'elle ne saurait être attribuée à Nostradamus qui, selon lui, doit nécessairement l'avoir copiée de quelque écrivain très antérieur au XVI siècle. Mon savant ami se fonde principalement sur le style du document et la forme des lettres dont je lui avais transmis le *fac-simile*. Il démontre que le tout appartient à une littérature beaucoup plus ancienne que cette époque.

Je regrette vivement que le manque d'espace et de temps m'empêche de copier ici la lettre si lumineuse de mon digne compatriote ; mais je ne suis pas (il faut savoir avouer ses faiblesses) je ne suis pas exempt d'un certain prurit de vanité littéraire, en considérant que l'instinct seul m'avait placé sur la même voie de vérité qu'a si promptement trouvée la science profonde de mon ami.

FIN.

TABLE DES MATIERES.

LIVRE I.

	PAGES.
Sat. i. — 1829	11
— ii. — 1831	33
— iii. — 1832	59
— iv. — 1833	69
— v. — 1836	77
— vi. — 1839	85
— vii. — Le Cri du Cid	135
— viii. — Le Cauchemar de Jacominor	139

LIVRE II.

L'Athéisme, dithyrambe	163
La France sauvée, cantate	181
Ode à Mlle Rachel	191
La Création	201
Tragédie lyrique	221
Les Français, chant national	225
Les Larmes, romance	232
Haine à l'amour, dithyrambe	237
Le Hussard Romantique, chansonnette	241

LIVRE III.

	PAGES.
Quatrain pour un portrait...	247
id. id. ...	id.
Distique id. ...	248
Épigramme sur une manière de tragédie...	id.
— sur un grand poète...	id.
— sur un ange...	249
— sur des constructions...	250
— à un jeune poète...	id.
Épitaphe de Louis XVI...	251
— du duc de Berri...	252
— pour une sépulture royale...	id.
— pour une autre...	id.
Inscription pour le duc d'Enghien...	id.
— pour une tombe cosmopolite...	253
Épitaphe pour un diplomate...	id.
— pour un citoyen...	id.
— pour Robespierre...	254
— pour Louvel...	id.
— pour Lacenaire...	id.
— pour une criminelle...	id.
Énigme nécrologique...	id.
Question de critique...	255
Épitaphe à enquerre...	257

FIN DE LA TABLE

ERRATA.

Page 39, vers 6, *qu'enivra*, lisez *qu'envira*.
— 41 — 10, *démon*, lisez *dœmon*.
— 121 — 10, *l'est*, lisez *lest*.
— 180 — 5, *monomane va*, lisez *monomane il va*.
— 143, ligne 29, *engulirian*, lisez *engullirian*.
— 198, vers 3, *glorieux*, lisez *radieux*.

ANNONCES.

L'auteur se propose de publier successivement:

MÉLANGES DE PROSE, historiques, politiques, littéraires, critiques et militaires. — 1 fort vol. in-8°.

ESSAI DE TRADUCTIONS sur les langues et dialectes de l'Europe méridionale, 2me vol. de poésies, du même format que les Satires.

HISTOIRE de la conquête du Mexique par les Espagnols, traduite d'un auteur classique de cette nation. — 2 forts vol. in-8°.

RECUEIL DE RAPPORTS ou Réquisitoires sur toutes sortes de criminalités, prononcés en justice militaire, précédés d'un discours sur l'état actuel de cette institution en France, et d'un plan d'organisation. — 2 forts vol. in-8°.

HISTOIRE BIOGRAPHIQUE du Ventre antique et moderne. L'auteur y travaille et ne saurait fixer le nombre ni le genre de volumes que cet ouvrage exigera.

www.ingramcontent.com/pod-product-compliance
Lightning Source LLC
Chambersburg PA
CBHW050336170426
43200CB00009BA/1620